a sala de aula
inovadora

C172s	Camargo, Fausto.
	A sala de aula inovadora : estratégias pedagógicas para fomentar o aprendizado ativo / Fausto Camargo, Thuinie Daros. Porto Alegre : Penso, 2018.
	xx ; 123 p. ; 23 cm.
	ISBN 978-85-8429-119-9
	1. Educação. 2. Didática. I. Daros, Thuinie. II. Título.
	CDU 37.04

Catalogação na publicação: Karin Lorien Menoncin – CRB 10/2147

FAUSTO CAMARGO
THUINIE DAROS

a sala de aula
inovadora

estratégias pedagógicas para
fomentar o aprendizado ativo

2018

© Penso Editora Ltda., 2018

Gerente editorial
Letícia Bispo de Lima

Colaboraram nesta edição:

Editora
Paola Araújo de Oliveira

Capa
Paola Manica

Ilustrações
Juliano Dall'Agnol

Preparação de originais
Josiane Santos Tibursky

Leitura final
Cristine Henderson Severo

Editoração
TIPOS – design editorial e fotografia

Reservados todos os direitos de publicação à
PENSO EDITORA LTDA., uma empresa do GRUPO A EDUCAÇÃO S.A
Av. Jerônimo de Ornelas, 670 – Santana
90040-340 – Porto Alegre – RS
Fone: (51) 3027-7000 Fax: (51) 3027-7070

SÃO PAULO
Rua Doutor Cesário Mota Jr., 63 – Vila Buarque
01221-020 – São Paulo – SP
Fone: (11) 3221-9033

SAC 0800 703-3444 – www.grupoa.com.br

IMPRESSO NO BRASIL
PRINTED IN BRAZIL

A todos os professores, que são diariamente desafiados a realizar a inovação em suas práticas pedagógicas.

Autores

Fausto Camargo
Administrador. Mestre em Ciências Sociais pela Universidade do Vale do Rio dos Sinos (Unisinos). Especialista em Gerenciamento de Micro e Pequenas Empresas pela Universidade Federal de Lavras (UFLA). Possui MBA em Gestão da Aprendizagem pela Faculdade União das Américas (Uniamérica). Atua há mais de 10 anos na educação superior, com experiência em instituições públicas, privadas e do terceiro setor. Atualmente é professor e coordenador do Curso de Administração da Uniamérica, em Foz do Iguaçu (PR).

Thuinie Daros
Pedagoga. Mestra em Educação pela Universidade Estadual do Oeste do Paraná (Unioeste). Especialista em Fundamentos Filosóficos e Políticos da Educação pela Unioeste e em Alfabetização com Ênfase em Letramento pela Universidade Castelo Branco. Possui MBA em Gestão da Aprendizagem pela Uniamérica. Sócia-fundadora da Téssera Educação. Atua na docência da educação básica e superior, gestão e inovação pedagógica, metodologias ativas, ensino híbrido e tecnologias educacionais.

Apresentação

Não se fala em outra coisa no meio educacional – mudança é a palavra de ordem. Metodologias ativas, inovação, competências, novas tecnologias, tudo para se fazer diferente do que se fazia no passado. Mas será que precisamos mesmo mudar? Afinal, todos nós fomos formados no modelo tradicional e estamos desempenhando nossos papéis profissionais de modo mais ou menos relevante.

De fato, o modelo tradicional serviu a um propósito e foi efetivo até certo ponto. No entanto, o acesso universal à informação, proporcionado pelo advento da internet e das mídias digitais, transformou radicalmente a sociedade e, com ela, a forma de se relacionar, consumir, trabalhar, aprender e, até mesmo, viver.

Como se não bastasse o desalinhamento entre o *modus operandi* da educação básica e superior e a dinâmica da sociedade tecnológica atual, as pesquisas da neurociência aplicada à educação vêm demonstrando exaustiva e insistentemente, há mais de duas décadas, que a estrutura neurofisiológica que sustenta a aprendizagem não está sendo corretamente estimulada com as atuais metodologias educacionais.

Nesse novo contexto, a educação não pode permanecer a mesma. Ficar como está já não é mais possível, sequer é tolerável, muito menos inteligente. O que serviu no passado não obrigatoriamente servirá no presente e, certamente, não será adequado no futuro. Hoje, um estudante de curso superior, ao se formar, é capaz de lembrar (em média) 40% do que lhe foi ensinado, mas não é capaz de colocar em prática nem 10% desses ensinamentos.

Se no passado era aceitável sair da faculdade com uma boa base teórica para, depois, na vida profissional, aprender a realidade prática e a real aplicação das teorias, hoje isso não é mais justificável, nem desejável.

Mudar o discurso é fácil, implementar a mudança não. A sala de aula tradicional, baseada na hegemonia da aula expositiva, ainda é uma grande barreira a ser vencida para que a qualidade da educação melhore. Mas o que há de errado com a aula expositiva, que vem formando inúmeras gerações de profissionais com relativo sucesso? Ela é uma ótima maneira de ensinar, mas uma péssima maneira de aprender. Em uma exposição, o estudante sai com a falsa impressão de que aprendeu muito, mas, na verdade, aprendeu quase nada. Ele apenas teve contato com muitas informações, pode até tê-las compreendido, mas isso não significa que tenha aprendido, pois o aprendizado efetivo exige aplicabilidade do conhecimento compreendido para que ele possa ser cognitiva e mnemonicamente fixado de forma indelével.

A aula expositiva é um elemento necessário no contexto educacional, mas deve ser complementar e secundária no processo de aprendizagem. A conscientização dessas premissas junto aos educadores tem levado a um crescente interesse pela compreensão das chamadas metodologias ativas de aprendizagem, que nada mais são do que métodos para tornar o estudante protagonista do seu processo de aprendizagem, e não mais elemento passivo na recepção de informações.

No âmbito do trabalho, seja qual for a área de atuação ou o nível hierárquico do cargo ou função, todo profissional precisa ser capaz de aplicar adequadamente seus conhecimentos em suas atividades laborais; de resolver novos problemas; de planejar, monitorar e avaliar seu desempenho; de interagir e atuar com a equipe de trabalho; e de comunicar suas ideias a públicos variados. Para isso, é imprescindível que, em sua formação acadêmica, o estudante tenha oportunidade de desenvolver tais competências, o que certamente não será atingindo com aulas expositivas.

Se entendemos que ser competente é ter a capacidade de agir, mobilizando conhecimentos e habilidades com vistas à tomada de decisão e resolução de problemas diante de uma realidade complexa, precisamos de ferramentas pedagógicas que oportunizem ao estudante a experiência de agir a partir do conhecimento estudado e, para tal, a prática pedagógica deve deslocar o foco do ensino de conteúdos para focar o desenvolvimento das competências.

As atividades pedagógicas de uma instituição de ensino devem ser orientadas a apresentar forte contextualização e correlação com a realidade, com o intuito de aplicar conteúdos efetivamente significativos para o desenvolvimento de competências úteis e necessárias à realização profissional e pessoal do estudante.

Aprender de maneira isolada não confere ao aluno a capacidade de aplicar o conhecimento. Para ser capaz de transferir o conhecimento a situações reais, os estudantes precisam aprender as estratégias cognitivas e os procedimentos (habilidades) inerentes a cada aplicação do conhecimento – ou seja, precisam desenvolver a competência. Nada melhor para desenvolver as estratégias cognitivas e habilidades correlacionadas do que a necessidade de solucionar ou resolver um desafio ou problema real e autêntico utilizando metodologias ativas de aprendizagem.

Neste livro, os professores Fausto Camargo e Thuinie Daros atendem às expectativas da comunidade docente da educação básica e superior e descrevem 43 metodologias ativas aplicáveis ao dia a dia da sala de aula, de modo claro, simples e direto, permitindo sua aplicação imediata por todo professor que se interessar na evolução do aprendizado de seus alunos.

O mais interessante é que a descrição das estratégias metodológicas não se limita a um exercício teórico. Os autores vivenciaram a aplicação de praticamente todas essas estratégias junto a alunos de diversos cursos de graduação da Faculdade Uniamérica e, também, junto a alunos da educação básica de escolas parceiras. Desse modo, adquiriram legitimidade "moral" para falar do tema, própria de quem vivenciou as dificuldades e os desafios de colocar em prática elementos diferentes dos tradicionalmente utilizados na academia.

A riqueza na relação de estratégias metodológicas aliada ao uso prévio dessas metodologias, que são oferecidas ao leitor "já testadas", faz de *A sala de aula inovadora: estratégias pedagógicas para fomentar o aprendizado ativo* um excelente guia ao uso de metodologias ativas para todos os professores que ingressam no desafio de mudar para melhorar a educação.

Ryon Braga
Diretor-presidente da Uniamérica

Prefácio

O grande desafio deste momento histórico é a prática de metodologias que possibilitem uma práxis pedagógica capaz de alcançar a formação do sujeito criativo, crítico, reflexivo, colaborativo, capaz de trabalhar em grupo e resolver problemas reais. As metodologias ativas de aprendizagem desenvolvem-se nesse contexto, como alternativa necessária a essa finalidade.

As metodologias ativas baseiam-se em formas de desenvolver o processo de aprender, utilizando experiências reais ou simuladas, visando resolver os desafios da prática social ou profissional em diferentes contextos.

Ao utilizar as metodologias ativas, problematizar a realidade como estratégia de ensino e aprendizagem viabiliza a motivação do discente, pois, diante do problema real, ele examina, reflete, relaciona e passa a atribuir significado às suas descobertas. Nesse sentido, aprender por meio da resolução de problemas de sua área é uma das possibilidades de envolvimento ativo dos alunos durante o processo formativo.

A sala de aula inovadora: estratégias pedagógicas para fomentar o aprendizado ativo foi escrito com o intuito de fomentar a aplicação das metodologias ativas de aprendizagem nas salas de aula, objetivando a sua inovação pedagógica. Desse modo, objetiva-se fornecer aos professores métodos, processos ou recursos práticos para o uso de metodologias ativas em sala de aula.

A obra apresenta uma síntese de experiências aplicadas por nós, dois professores que desenvolvem estratégias de metodologias ativas de aprendizagem, de uso educacional e corporativo. Tais estratégias vêm sendo desenvolvidas e aplicadas com sucesso em diferentes salas de aula da educação básica e do ensino superior, bem como na educação não formal. Essa formação para e por meio de novas metodologias de ensino e aprendizagem alinha-se ao compromisso da Uniamérica, primeira faculdade do Brasil com cursos de graduação e pós-graduação integralmente desenvolvidos com base em metodologias ativas, baseada na interdisciplinaridade, na inovação e no uso dos mais variados e atuais recursos metodológicos e tecnológicos.

Organizada em duas partes – a primeira é constituída por três capítulos introdutórios e argumentativos sobre a inovação em sala de aula e o uso de metodologias ativas de aprendizagem; a segunda concentra-se nas estratégias pedagógicas para o aprendizado ativo – são descritas 43 estratégias, organizadas de modo sequencial apenas para melhor exposição ao leitor. Portanto, cabe ao professor definir a sua aplicação, podendo usá-las de modo isolado ou simples (uma por aula), ou combiná-las de acordo com a demanda da aula e a complexidade do tema a ser trabalhado. As estratégias pedagógicas também podem ser classificadas como:

- avaliação formativa do aprendizado: de modo integrado, colaborativo e participativo;
- investigação de problemas: depuração, análise e investigação;
- solução de problemas: tomada de decisão, escolha, criatividade e construção de artefatos;
- textos: para facilitar a interpretação, o entendimento e o emprego de textos científicos ou não;
- casos: para análise e estudo sistemático de estudos de casos.

Outrossim, buscou-se apresentá-las de modo uniforme, seguindo um padrão ou uma estrutura didática, contendo:

- introdução: breve apresentação da estratégia, bem como de seus objetivos e benefícios;
- competências: possíveis habilidades e competências a serem desenvolvidas nos alunos com o uso da estratégia;
- sequência didática: processo, procedimento, passo a passo da aplicação e uso da estratégia pelos autores;
- recomendações: outras formas de aplicação ou perspectivas complementares à estratégia;
- exemplo: quadro, tabela ou figura exemplificando o recurso ou emprego da estratégia pedagógica.

As estratégias podem ser combinadas e adaptadas a diferentes contextos. Assim, por exemplo, pode-se usar uma estratégia voltada para a resolução de problemas com um texto científico, com um estudo de caso ou com uma unidade de aprendizagem. A limitação de seu uso deve ser determinada pelo docente durante o planejamento da aula.

É importante considerar ainda que, independentemente da implementação de um modelo ou de uma nova estratégia inovadora, toda prática educativa deve ter caráter intencional e necessita de planejamento e sistematização. Nesse sentido, é fundamental que seja explicitada a concepção de educação que se tem como elemento norteador, ou seja, é preciso haver clareza de qual é a função social da escola e da universidade para a qual se ensina e quais resultados são esperados por meio do ensino.

Ao final do livro, constam as referências utilizadas na obra, que servem também como subsídio ou material complementar, uma vez que a lista inclui livros gerais sobre metodologias ativas e estratégias pedagógicas.

Desejamos que este livro sirva como importante recurso para o aprendizado ativo dos alunos, para o desenvolvimento de competências e habilidades pessoais e profissionais, fomentando a motivação e o prazer de aprender e colaborar para o processo de ensino e aprendizagem em sala de aula.

Fausto Camargo e **Thuinie Daros**

Sumário

A sala de aula inovadora

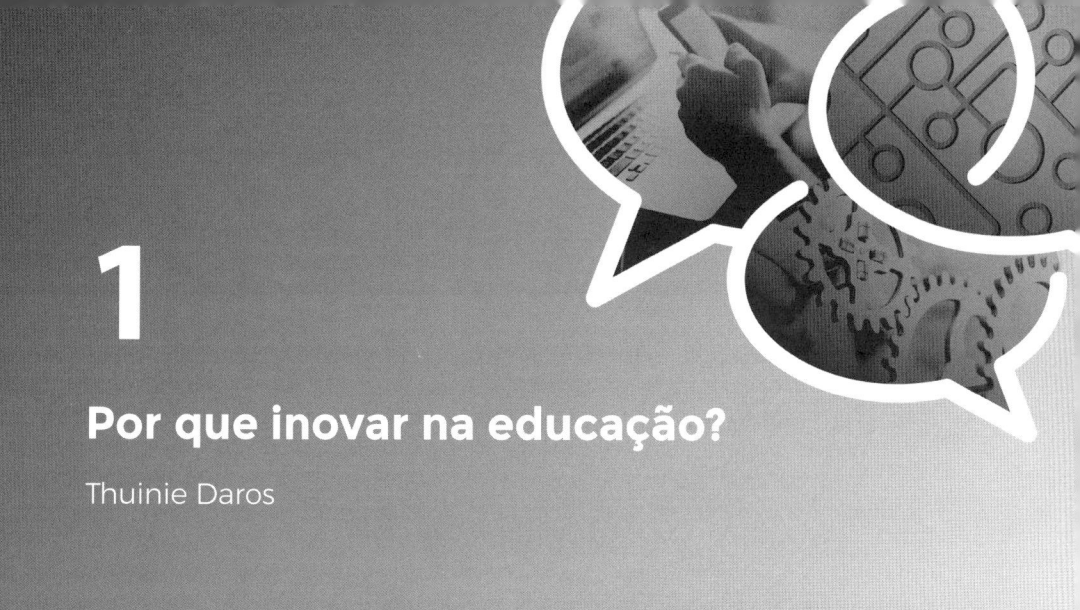

1

Por que inovar na educação?

Thuinie Daros

Ao conversar com alunos da educação básica e do ensino superior sobre os modos de ensinar e aprender, o ensino essencialmente transmissivo, centrado unicamente no conhecimento do professor, é motivo para muitas insatisfações. Reclamam não só do fato de terem de ficar horas ouvindo, mas também da rigidez dos horários, do distanciamento do conteúdo proposto com a vida pessoal e profissional e dos recursos pedagógicos pouco atraentes. Ao conversar com professores, as queixas são similares. Reclamam da falta de envolvimento, do excesso de desinteresse dos alunos e das condições do exercício docente.

Mesmo diante de tantos avanços tecnológicos e científicos, o modelo de aula continua predominantemente oral e escrito, assim como os recursos utilizados. Nesse contexto, têm-se mantido intactos muito giz, caderno e caneta. Quando mudam, ganham uma nova roupagem por meio da utilização de instrumentos audiovisuais, como a inserção de filmes, vídeos e apresentações gráficas e projetores multimídia. Já os alunos continuam a receber o conteúdo passivamente e cada vez mais esperam tudo produzido pelos professores.

Somado a esse cenário, em maio de 2015, a Organização para a Cooperação e Desenvolvimento Econômico (OCDE, 2015) divulgou os resultados do Programme for International Student Assessment (PISA). O PISA é uma avaliação trienal de conhecimentos e competências de estudantes de 15 anos nas áreas de leitura, mate-mática e ciências, realizada em 30 países integrantes da OCDE e convidados. Entre os 76 países avaliados, o Brasil ocupa a 60ª posição.

Diante desse contexto, pergunta-se: como modificar os modos de aprender e ensinar das instituições para gerar resultados mais positivos? Como garantir que os alunos se apropriem do conhecimento historicamente acumulado e os relacionem com o cotidiano? Como gerar maior engajamento, motivação e responsabilidade nos alunos? Quais estratégias pedagógicas podem auxiliar o professor e tornar as aulas mais significativas?

Concorda-se com Carbonell (2002, p. 16), pois

> [...] não se pode olhar para trás em direção à escola ancorada no passado em que se limitava ler, escrever, contar e receber passivamente um banho de cultura geral. A nova cidadania que é preciso formar exige, desde os primeiros anos de escolarização, outro tipo de conhecimento e uma participação mais ativa.

Criar condições de ter uma participação mais ativa dos alunos implica, absolutamente, a mudança da prática e o desenvolvimento de estratégias que garantam a organização de um aprendizado mais interativo e intimamente ligado com as situações reais. Por isso, a inovação na educação é essencialmente necessária. A inovação é uma das formas de transformar a educação.

Há várias pesquisas importantes que indicam que o aprender na educação básica e superior precisa ocorrer de forma significativa. E é por isso que se faz necessário estabelecer caminhos que levem à inovação no ensino, de modo a chegar cada vez mais próximo de metodologias que maximizem o potencial de aprendizagem do aluno.

Inovar é uma palavra derivada do latim *in* + *novare*, cujo significado é fazer o novo, renovar, alterar a ordem das coisas, ou, de maneira simplificada, ter novas ideias, ou mesmo aplicar uma ideia já conhecida em um novo contexto. O processo de inovação é realizado desde o início da história da humanidade, primeiramente para a sobrevivência e, mais tarde, para a evolução e o progresso. Mas, na contemporaneidade, devido à aceleração da produção de novos conhecimentos científicos e tecnológicos, a capacidade de inovar tem sido cada vez mais crucial.

O Manual de Oslo (OCDE, 2013) – documento de referência internacional para a coleta e a análise de dados relativos aos processos de inovação – define que a inovação é a

> [...] implementação de um produto (bem ou serviço) novo ou significativamente melhorado, ou um processo, ou um novo método de *marketing*, ou um novo método organizacional nas práticas de negócios, na organização do local de trabalho ou nas relações externas. (OCDE, 2013, p. 46).

Ainda de acordo com o Manual de Oslo (OCDE, 2013), é por meio da inovação que novos conhecimentos são criados e difundidos, expandindo o potencial econômico para o desenvolvimento de novos produtos e de novos métodos produtivos de operação. O documento também afirma que "[...] esses melhoramentos dependem não apenas do conhecimento tecnológico, mas também de outras formas de conhecimento que são usadas para desenvolver inovações de produto, processo, *marketing* e organizacionais" (OCDE, 2013, p. 46).

De acordo com Terra (2007), muitos produtos ou serviços considerados inovadores são baseados em ideias de outros ou em adaptações que recebem uma nova forma, transformando-as em êxito para os usuários.

Terra (2007) ainda destaca que todas as pessoas têm a capacidade de inovar, mas ressalta que a inovação envolve dois elementos fundamentais: a criatividade e a produção de novas ideias, que devem ser capazes de serem implementadas e gerar impacto.

A inovação no âmbito educacional deve ser compreendida de modo mais amplo. De acordo com os estudos de Carbonell (2002, p. 19), a inovação educacional trata-se de

> [...] um conjunto de intervenções, decisões e processos, com certo grau de intencionalidade e sistematização, que tratam de modificar atitudes, ideias, culturas, conteúdos, modelos e práticas pedagógicas. E, por sua vez, introduzir, em uma linha renovadora, novos projetos e programas, materiais curriculares, estratégias de ensino-aprendizagem, modelos didáticos e outra forma de organizar e gerir o currículo, a escola e a dinâmica da classe.

Independentemente da implementação de um modelo ou uma nova estratégia inovadora, toda prática educativa deve ter caráter intencional e necessita de planejamento e sistematização. Nesse sentido, é fundamental que seja explicitada a concepção de educação que se tem como elemento norteador, ou seja, precisa-se ter clareza de qual é a função social da escola e da universidade, de para que se ensina e de quais resultados se espera por meio do ensino que se propõe.

Além disso, é preciso levar em conta os diversos fatores que contribuem para a configuração de um processo inovador, implicando a criatividade dos sujeitos, a motivação para efetivar as ideias, o conhecimento e os recursos materiais possíveis.

Nessa perspectiva, inovar acarreta uma nova prática educacional com finalidade bem estabelecida, mas é necessário que essas mudanças partam de questionamento das finalidades da própria experiência educacional como aspecto promotor da reflexão-ação docente, ou seja, a inovação como um processo, e não como um fim em si mesma.

Apesar da crescente concorrência, a inovação na educação vem para dar novo fôlego às instituições educacionais, pois, em face da oferta abundante de informações, a mediação na aquisição do conhecimento garante a ela uma importância não superada.

Em decorrência, pode-se compreender que toda inovação educacional, explícita ou implicitamente, questiona a finalidade da ação educativa que se está desenvolvendo e busca novos meios que se adaptem às novas finalidades da educação.

Para Christensen, Horn e Johnson (2012), o processo de ensino-aprendizagem deve ter como elemento principal a motivação, com o intuito de gerar o engajamento dos alunos no processo de aprendizagem, levando-os a assumir a responsabilidade pela sua aprendizagem e desenvolvimento e assumir o protagonismo estudantil.

Experiências como atividades realizadas em grupos, mais de um professor na classe acompanhando a execução de tarefas, realização de projetos, solução de problemas reais e estudos de caso são estratégias que, se bem conduzidas, podem gerar uma verdadeira inovação pedagógica.

Quando se trata de inovação, há, ainda, experiências que vão muito além, como a proposta por Horn e Staker (2015). Os autores abordam a relevância da inovação disruptiva na educação e mostram como esse modelo pode mudar a forma de ensinar e aprender.

Na obra *Blended: usando a inovação disruptiva para aprimorar a educação*, os autores Horn e Staker (2015) apontam que o ensino híbrido, aliado ao aprendizado por meio das competências, atende o perfil dos alunos da contemporaneidade, permite a personalização do ensino e apresenta os meios significativos para efetivar a inovação na educação.

De acordo com as pesquisas e as experiências dos autores, as práticas pedagógicas propostas pela metodologia do ensino híbrido têm se disseminado nas redes de ensino de todo o mundo, por oferecer aos alunos acesso a um aprendizado interessante, eficiente e personalizado a suas necessidades reais.

O Buck Institute for Education (2008) também tem defendido a necessidade de um ensino mais envolvente e significativo e, nesse contexto, publicou recentemente um material sobre aprendizagem baseada em projetos.

É importante considerar que o Buck Institute for Education é uma associação norte-americana especializada em disseminar práticas desse tipo de aprendizagem. A associação tem defendido, em sua obra *Aprendizagem baseada em projetos*, que essa forma de ensino deve ocorrer com base nos principais elementos: ter conteúdo relevante, ser capaz de desenvolver habilidades para o século XXI, possibilitar o exercício de exploração, organizar-se em torno de questões orientadoras, criar a necessidade nos alunos em aprofundarem os estudos, oportunizar a voz e a escolha exercitando o protagonismo estudantil e, ainda, gerar apresentações públicas, pois, ao mostrar o produto de seu esforço para outras pessoas, aumenta-se a motivação dos alunos para fazerem trabalhos de melhor qualidade.

A inovação por meio de práticas que estimulem o aprendizado ativo também é citada por Vickery (2016). Para a autora, o professor precisa conhecer bem seu grupo de alunos e, a partir disso, criar um ambiente de confiança, promotor de debates, criatividade e reflexão que exercite a capacidade de o aluno correr riscos por meio de sua exposição, opinião, etc.

Sabe-se que, em espaços nos quais os professores assumem a centralidade do processo e se apresentam como detentores de todo o conhecimento, acaba-se por impossibilitar a participação mais ativa dos estudantes e, ainda, se instaura o medo de errar, de arriscar e de participar.

A inovação cria possibilidades de estabelecer relações significativas entre os diferentes saberes, de maneira progressiva, para ir adquirindo uma perspectiva mais elaborada; converte as escolas em lugares mais democráticos, atrativos e estimulantes; estimula a reflexão teórica sobre as vivências, experiências e diversas interações das instituições educacionais; rompe a cisão entre a concepção e a execução, uma divisão própria do mundo do trabalho; amplia a autonomia pedagógica e gera um foco de agitação intelectual contínuo; traduz ideias, práticas e cotidianas, mas sem se esquecer nunca da teoria. Destaca-se que a inovação nunca é empreendida de modo isolado, mas pelo intercâmbio e cooperação permanente das pessoas envolvidas.

Nesse sentido, para que se garanta o processo de inovação, deve-se contar com novos recursos tecnológicos, nova estrutura que possibilite a interação, um novo modelo de formação docente e, principalmente, a incorporação de novos saberes, sem desconsiderar o conhecimento científico clássico. É preciso considerar que a inovação não ocorre apenas no plano pedagógico, mas também no epistemológico.

Atualmente, há algumas instituições de educação básica e ensino superior no Brasil e no mundo que, apesar das dificuldades, conseguiram realizar inovações e transformar as formas de ensinar em suas instituições. O Ginásio Experimental de Novas Tecnologias Educacionais (GENTE), no Rio de Janeiro, a Lumiar Internacional, em São Paulo, a Escola da Ponte, em Portugal, a Singularity University, nos Estados Unidos, e a Faculdade União das Américas (Uniamérica), em Foz do Iguaçu, são alguns exemplos importantes que ilustram que a inovação é possível.

Descartando-se a apologia da inovação como mero modismo educacional à instituição escolar, outrora espaço majoritário de transmissão do conhecimento sistematizado, está posto o desafio de concorrer com outros meios de acesso ao conhecimento.

Se os alunos conseguem estabelecer relações entre o que aprendem no plano intelectual e as situações reais, experimentais e profissionais ligadas a seus estudos, certamente a aprendizagem será mais significativa e enriquecedora.

2

Metodologias ativas: aspectos históricos e desafios atuais

Thuinie Daros

Apesar da contemporaneidade das metodologias ativas como prática pedagógica, suas matrizes conceituais datam do início do século XX. Ao escrever acerca da necessidade de se inovar as práticas pedagógicas na sala de aula, não se pode deixar de mencionar os principais autores que defenderam, desde o século XX, uma educação pautada na aprendizagem por meio de metodologias mais ativas.

Jonh Dewey, por exemplo, nos anos 1930, já enfocava a necessidade de estreitar a relação entre teoria e prática, pois defendia que o aprendizado ocorre se inserido no contexto diário do aluno. Para ele, a função na educação é a de propiciar uma reconstrução permanente das experiências dos estudantes articulada com a vida. Teixeira (1957) transcreve as palavras de Dewey:

> [...] o processo educativo não pode ter fins elaborados fora dele próprio. Os seus objetivos se contêm dentro do processo e são eles que o fazem educativo. Não podem, portanto, ser elaborados senão pelas próprias pessoas que participam do processo. O educador, o mestre, é uma delas. A sua participação na elaboração desses objetivos não é um privilégio, mas a consequência de ser, naquele processo educativo, o participante mais experimentado, e, esperemos, mais sábio. (DEWEY apud TEIXEIRA, 1957, p. 21).

De acordo com o ideário de Dewey (1976), o pensamento não pode ocorrer isolado da ação, cabendo ao professor apresentar os conteúdos na forma de questões ou problemas, e não dar de antemão respostas ou soluções prontas. A ideia é criar condições para que o aluno possa raciocinar e elaborar os conceitos que, posteriormente, irá confrontar com o conhecimento sistematizado.

Fundamentado nos estudos da escola ativa de Dewey, Kilpatrick contribuiu ao expor o método de trabalho com projetos.

Segundo a obra de Kilpatrick (1975), o aprendizado precisa partir de problemas reais, do cotidiano dos estudantes. Para o autor, todas as atividades curriculares podem realizar-se por meio de projetos, sem a necessidade de uma organização diferenciada.

Destaca-se, ainda, que o método de projetos foi difundido ou conhecido no Brasil por meio do movimento Escola Nova, iniciado no ano de 1932.

As propostas pedagógicas de Dewey (1976) e Kilpatrick (1975) foram disseminadas no Brasil principalmente por Anísio Teixeira e Lourenço Filho. Naquela época, os conceitos científicos não eram construídos juntamente com os alunos, que deveriam apenas memorizar os conhecimentos *aprendidos*. Desse modo, impossibilitava uma melhor inserção e participação dos estudantes em seus ambientes sociais. Nesse sentido, o ideário da Escola Nova veio para contrapor o ensino tradicional, colocando o aluno no centro do processo e enfatizando a necessidade do protagonismo durante a aprendizagem.

Decroly (1929) também se embasou nessa linha de pensamento e contribuiu ao explicitar a necessidade de se trabalhar a partir dos centros de interesse. Os centros de interesse são formas de trabalho que permitem ao estudante aprender a partir de seu próprio interesse, escolhendo a temática a ser desenvolvida. Decroly (1929) foi um dos precursores da educação transdisciplinar, do ensino globalizado, centrado no aluno, contrapondo-se totalmente ao ensino fragmentado, centrado no professor, conforme característica do método tradicional.

Outra teoria de destaque é a defendida por Ausubel, publicada em meados de 1960. Ausubel corrobora as ideias de Dewey (1976), Decroly (1929) e Kilpatrick (1975), ao propor que os conhecimentos prévios dos alunos devem ser valorizados, para que a aprendizagem seja realmente significativa.

De acordo com Ausubel (1982), para que o aprendizado possa ocorrer, são necessárias duas principais condições: o aluno precisa ter engajamento para aprender e o conteúdo escolar precisa ser potencialmente significativo, ou seja, articulado com a vida e as hipóteses do estudante.

Os pensadores citados constituem uma pequena amostra de vários outros profissionais do século XX que se dedicaram à construção de metodologias inovadoras com o intuito de criar possibilidades de uma práxis pedagógica que forme um sujeito crítico, reflexivo, transformador e humanizado. Autores como Paulo Freire, Blonsky, Pinkevich, Krupskaia, Freinet, Claparède e Montessori, abordaram suas teorias como alternativa necessária para a superação do modelo pedagógico tradicional vigente, o que continua sendo um dos grandes desafios que se colocam na contemporaneidade.

Atualmente reinterpretadas, essas teorias fornecem subsídios para uma pedagogia dinâmica, centrada na criatividade e na atividade discente, em uma perspectiva de construção do conhecimento, do protagonismo, do autodidatismo, da capacidade de resolução de problemas, do desenvolvimento de projetos, da autonomia e do engajamento no processo de ensino-aprendizagem por meio das metodologias de abordagem ativa.

É necessário considerar que o processo de ensino-aprendizagem é algo extremamente complexo, possui caráter dinâmico e não acontece de forma linear, exigindo ações direcionadas, para que os alunos possam se aprofundar e ampliar os significados elaborados mediante sua participação.

Ao apostar em uma nova concepção de ensino, evidentemente, deve-se pensar em uma prática pedagógica capaz de garantir aos alunos uma aprendizagem sólida, que lhes permita enfrentar criticamente as mudanças da atual sociedade da informação e do conhecimento.

Para que o estudante assuma uma postura mais ativa e, de fato, se descondicione da atitude de mero receptor de conteúdos e busque efetivamente conhecimentos relevantes aos problemas e aos objetivos da aprendizagem, os processos educativos devem acompanhar essas mudanças.

As instituições de ensino precisam organizar, em seus currículos e cursos, atividades integradoras da prática com a teoria, do compreender com o vivenciar, o fazer e o refletir, de forma sistemática, em todas as áreas e durante todo o processo de profissionalização.

Nessa linha de pensamento, os autores contemporâneos Hernández e Ventura (1998) defendem que o currículo deve ser organizado com base na transdisciplinaridade e que o trabalho com projetos deve ser amplamente contemplado.

A transdisciplinaridade é uma concepção de relações entre as disciplinas que busca compreender o novo, isto é, resolver problemas com a cooperação dos conhecimentos científicos. Na educação, ela ainda é um caminho a se trilhar. A pergunta que muitos educadores incomodados com um currículo estruturado por disciplinas fazem é: qual caminho seguir para mudar a situação e formar sujeitos competentes para a complexidade, para a diversidade, para o aprender e para a vida?

Para Hernández e Ventura (1998), a proposta é vincular as aprendizagens às necessidades reais e à uma visão global da realidade, a que chamam Projeto de Trabalho, enfoque integrador da construção de conhecimentos, que transgride o formato da educação tradicional, essencialmente transmissiva e organizada por saberes compartimentados e selecionados pelo professor. Os autores enfatizam que o projeto não é uma metodologia, mas uma forma de refletir sobre a escola e sua função.

Hernández e Ventura (1998) não são os únicos contemporâneos que vêm defendendo a necessidade de veiculação do aprendizado em sala de aula dos conteúdos científicos específicos.

Zabala (1998), por exemplo, mostra que a prática educativa implica uma mudança nos conteúdos e nos modos de avaliar, ao considerar as finalidades do ensino, que deve estar de acordo com um modelo centrado na formação integral da pessoa.

De acordo com o autor, a proposta curricular deve se fundamentar em projetos de intervenção adaptados às necessidades de sua realidade educativa, estilo profissional, propostas singulares e com a previsão de recursos variados, de modo a integrar as unidades de aprendizagem construídas pelos professores.

Marzano, Pickering e Pollock (2008), na obra *O ensino que funciona: estraté-gias baseadas em evidências para melhorar o desempenho dos alunos*, realizaram um estudo apresentando, por meio de gráficos, o engajamento maior por parte dos estudantes quando aprendem por meio de estratégias de aprendizado nas quais é preconizado o seu protagonismo.

Os estudos dos autores alertam sobre a necessidade de revermos as práticas docentes e, ainda, sugerem uma diversidade de estratégias capazes de melhorar o desempenho intelectual e motivacional dos estudantes.

Mazur (2015), referência mundial em aprendizagem ativa, considerado um dos professores mais inovadores, também prova que atividades envolventes geram mais desempenho acadêmico. Professor de física de Harvard, insatisfeito com o aprendizado de seus alunos, modificou a forma como ensinava e decidiu abolir a transmissão de conteúdos em sua sala de aula. Passou o conteúdo teórico para ser abordado em casa, enquanto os alunos respondiam perguntas e discutiam seus conhecimentos com outros colegas por meio do computador, e, em sala de aula, o professor trabalhava as mesmas lições, mas de forma aplicada e prática. O resultado foi que todos os alunos começaram a aprender muito mais.

Essa experiência gerou um método amplamente conhecido e atualmente uti-lizado em muitas faculdades e universidades de todo mundo – o *peer instruction* (aprendizado entre pares) e a *flipped classroom* (sala de aula invertida).

Em seu livro *Peer instruction: a revolução da aprendizagem ativa*, Mazur (2015, p. 9) aborda que

> [...] o problema é a apresentação tradicional do conteúdo, que consiste quase sempre num monólogo diante de uma plateia passiva. Somente professores excepcionais são capazes de manter os estudantes atentos durante toda uma aula expositiva. Mais ainda difícil dar oportunidades adequadas para que os estudan-tes pensem de forma crítica, usando os argumentos que estão sendo desenvol-vidos. Consequentemente, as aulas expositivas simplesmente reforçam os senti-mentos dos estudantes de que o passo mais importante para dominar o conteúdo ensinado está na resolução de problemas.

Enquanto existir o modelo tradicional de ensino, baseado unicamente no ensino do conteúdo do livro didático e em exercícios de fixação, que ainda acontece em quase todas as classes do mundo, alunos e professores desmotivados para o aprendizado continuarão sendo gerados.

Nesse contexto, é relevante reforçar que a educação básica e o ensino superior são *lóci* de aprendizagem e devem criar condições para que os estudantes adquiram habilidades educacionais, profissionais, analíticas e de trabalho, ou seja, saibam uti-lizar o pensamento científico, articulado com as novas tecnologias da informação e da comunicação.

O modelo de educação para o século XXI, discutido na Declaração Mundial sobre Educação Superior (ORGANIZAÇÃO DAS NAÇÕES UNIDAS PARA A

EDUCAÇÃO, A CIÊNCIA E A CULTURA, 1998), defende a necessidade do aprimoramento dos projetos educacionais e aponta para a busca de novas posturas, visando à formação de uma mão de obra qualificada, atendendo, assim, às demandas da sociedade. O documento também destaca como as rápidas inovações, por meio das tecnologias de informação e de comunicação, mudarão ainda mais o modo como o conhecimento é desenvolvido, adquirido e transmitido.

Nesse sentido, o próprio documento defende que é importante que as novas tecnologias ofereçam oportunidades de renovar o conteúdo dos cursos e dos métodos de ensino e ampliem o acesso à educação superior, embora reforce que novas tecnologias e informações não tornam os docentes dispensáveis. Enfatiza que há uma modificação no seu papel em relação ao processo de aprendizagem – e que o diálogo permanente que transforma a informação em conhecimento e compreensão passa a ser fundamental.

As metodologias ativas de aprendizagem se apresentam como uma alternativa com grande potencial para atender às demandas e desafios da educação atual.

Diante do exposto, defende-se que as metodologias ativas representam uma alternativa pedagógica capaz de proporcionar ao aluno a capacidade de transitar de maneira autônoma por essa realidade, sem se deixar enganar por ela, tornando-o também capaz de enfrentar e resolver problemas e conflitos do campo profissional e produzir um futuro no qual, a partir da igualdade de fato e de direito, cresçam e se projetem as diversidades conforme as demandas do século XXI.

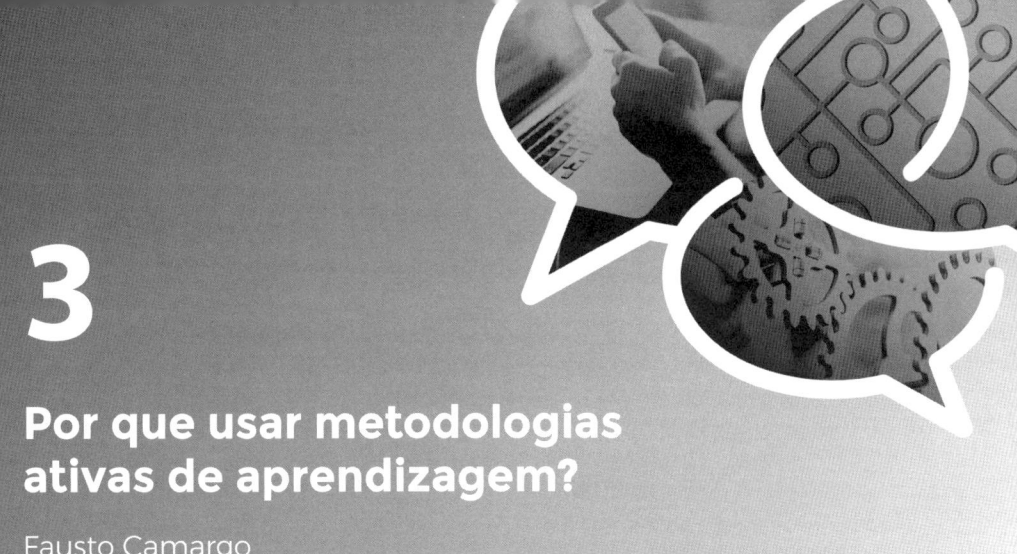

3
Por que usar metodologias ativas de aprendizagem?

Fausto Camargo

As pessoas estão cada vez mais conectadas. A cultura, as instituições e a trajetória da sociedade caminham para um universo cada vez mais inter-relacionado. Por exemplo, estabelecem-se redes de comunicação por meio de mídias participativas, nas quais se apresentam notícias, fatos e novos meios de entretenimento em tempo real no mundo todo. Pessoas, agentes públicos e privados aparecem conectados.

Juntamente com essas modificações, fazem-se necessárias, também, mudanças na educação, ou ainda, nos métodos de ensino-aprendizagem. A velocidade em que ocorrem as transformações na sociedade torna cada vez mais provisórias ou temporárias as verdades construídas no saber-fazer científico (MITRE et al., 2008).

Grande parte das instituições de ensino faz uso de métodos de ensino tradicionais. Ambientes ou salas de aulas ganham nomes como "local onde todos dormem e uma pessoa fala", o que deriva do fato de que o ato de ensinar acaba resumindo-se ao momento da aula expositiva, encerrando-se nele e desconsiderando a ação de ensinar. O ensino acaba ocorrendo de modo repetitivo, isto é, as aulas acabam sendo constituídas por falações do professor e audições dos alunos, normalmente desmotivados. O aprendizado é medido pelo volume de *conhecimentos*, informações memorizadas e facilmente repetidas nas provas, nunca refletidas ou analisadas (PIMENTA; ANASTASIOU, 2002).

A maioria dos professores universitários no Brasil segue o modelo pedagógico tradicional, institucionalizado e arraigado no país durante décadas. Docentes incorporam práticas de senso comum durante sua formação profissional e as replicam ao tornarem-se professores (CUNHA, 1997), propagando métodos e práticas incoerentes com a realidade e a necessidade demandada pelos alunos, repetindo práticas ou métodos tradicionais, registradas na desmotivação e queixas dos alunos, contribuindo pouco para o avanço do processo de aprendizagem (PÁDUA, 2012).

Há tempos pesquisas demonstram a desmotivação dos alunos em uma aula tradicional – um exemplo é o estudo de Blight (2000). O autor mostrou que o aprendizado por meio de leituras é mais efetivo quando se utilizam métodos ativos ou interativos e que a frequência cardíaca dos alunos, com o passar do tempo na aula tradicional, reduz significativamente. Isto é, quanto mais tempo de aula, maior sua desmotivação, gerando situações em que o aluno deixa de prestar atenção – sonolência, devaneio ou distração –, conforme apresenta a Figura 3.1.

Na Figura 3.2, é possível observar, por meio dos batimentos cardíacos, o aumento da motivação e do interesse dos alunos, à medida que são convidados para debater e discutir o assunto, ou, ainda, quando são convidados a participar da aula, ou seja, no momento em que se sentem parte do processo.

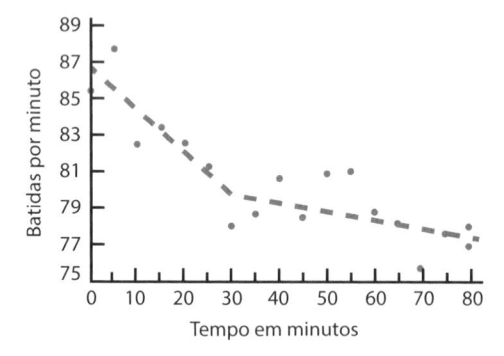

Figura 3.1 Frequência cardíaca dos alunos na aula tradicional.
Fonte: Blight (2000).

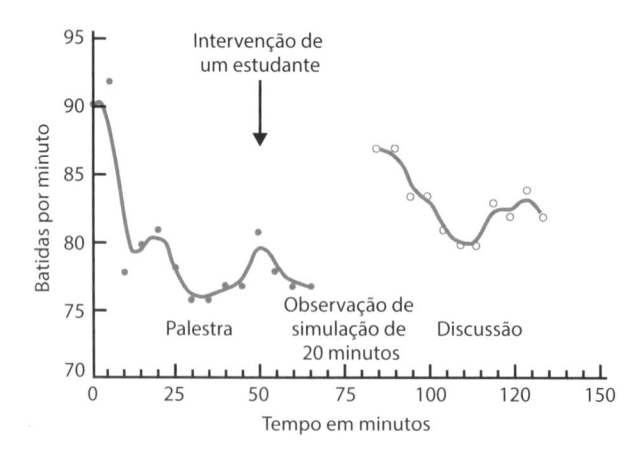

Figura 3.2 Frequência cardíaca do aluno em sala de aula.
Fonte: Blight (2000).

As metodologias ativas de aprendizagem colocam o aluno como protagonista, ou seja, em atividades interativas com outros alunos, aprendendo e se desenvolvendo de modo colaborativo. A diferença apresentada na Figura 3.2 é evidente. Do lado esquerdo, os alunos são convidados a realizar ou acompanhar a leitura de um texto durante uma aula tradicional, e os batimentos cardíacos caem. Quando são provocados a debater e discutir o assunto (lado direito da figura), a atividade dos alunos muda significativamente.

Hake (1998) observou, em aulas de física, que a aplicação de estratégias de metodologias ativas de aprendizagem *(interactive engagement)* baseada em resolução de problemas aumentam consideravelmente a aprendizagem dos alunos, quando comparada ao método tradicional *(traditional)*. A pesquisa foi realizada em três diferentes tipos de instituições de ensino. Assim, na Figura 3.3, é possível ver a representação dessas diversas instituições por meio de círculos *(High-school – HS, Escola)*, quadrados *(Colleges – COLL, Faculdades)* e losangos *(Universities – UNIV, Universidades)*. A aula tradicional é representada pela cor cinza, e a aplicação de metodologias ativas de aprendizagem, pelas figuras geométricas brancas.

Muitos confundem a modernização com a metodologia ativa de aprendizagem. Apesar do recurso tecnológico, salas de aula com lousas eletrônicas podem reforçar ou manter relações verticais, contribuindo para a consagração do professor como um repassador (até com boas habilidades) de informações, mantendo o aluno na

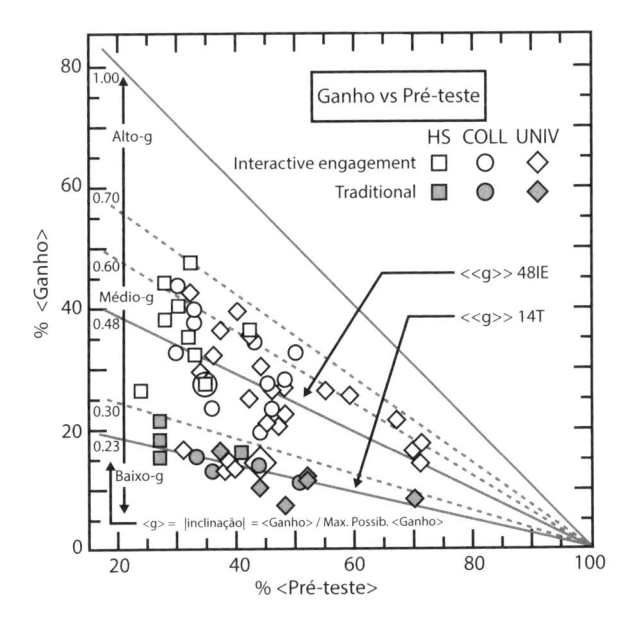

Figura 3.3 Metodologias ativas de aprendizagem *versus* método tradicional.
Fonte: Hake (1998).

perspectiva de memorizador e de reprodutor fidedigno de conhecimento. O uso de tecnologia não é metodologia ativa de aprendizagem.

As metodologias ativas de aprendizagem estão alicerçadas na autonomia, no protagonismo do aluno. Têm como foco o desenvolvimento de competências e habilidades, com base na aprendizagem colaborativa e na interdisciplinaridade.

Assim, as metodologias ativas de aprendizagem, proporcionam:

- desenvolvimento efetivo de competências para a vida profissional e pessoal;
- visão transdisciplinar do conhecimento;
- visão empreendedora;
- o protagonismo do aluno, colocando-o como sujeito da aprendizagem;
- o desenvolvimento de nova postura do professor, agora como facilitador, mediador;
- a geração de ideias e de conhecimento e a reflexão, em vez de memorização e reprodução de conhecimento.

Cada vez mais os alunos demandam métodos de ensino-aprendizagem centrados neles. O aprendizado ativo vai ao encontro da aprendizagem centrada no estudante, pois se trata da combinação de duas ideias relacionadas: o ensino personalizado ou individualizado e a aprendizagem baseada na competência ou no domínio (HORN; STAKER, 2015). No primeiro caso, muitas vezes, o professor, durante a aplicação da estratégia, ajuda individualmente os alunos, maximizando o seu aproveitamento. A segunda ideia complementa o método ativo, ao exigir do aluno domínio ou conhecimento de determinado assunto, para que possa progredir no desenvolvimento da atividade em sala de aula.

O uso de metodologias ativas de aprendizagem desenvolve competências pessoais e profissionais, além daquelas desenvolvidas na aula tradicional. A pirâmide de aprendizagem (Fig. 3.4) proposta por Dale (1969) corrobora essas afirmações ao evidenciar a utilização de atividades de aprendizagem mais ativas, por meio de práticas colaborativas. Segundo o autor, estratégias de aprendizagem com esse foco melhoram o aprendizado e a capacidade de retenção do conhecimento.

A pirâmide de aprendizagem de Dale (1969) apresenta sete formas diferentes de aprendizagem. As quatro primeiras, que são assistir a uma palestra ou aula expositiva (5%), fazer uma leitura (10%), utilizar recursos audiovisuais (20%) ou demonstrar algo (30%), remetem à aula tradicional. Na base da pirâmide, situam-se outras três maneiras, que são argumentar, praticar o conhecimento e ensinar os outros. Estas últimas referem-se às metodologias ativas de ensino. Observa-se, portanto, que o aluno desenvolve mais competências e habilidades e retém mais conhecimentos por meio de práticas interativas e colaborativas de ensino.

O modelo tradicional nem sempre proporciona a retenção de conhecimento necessária à prática profissional. Inúmeros são os relatos de ex-alunos, após a conclusão do curso, que nem sequer se lembram daquilo que foi ensinado pelos professores, distanciando o ensino da realidade, ou seja, da prática profissional.

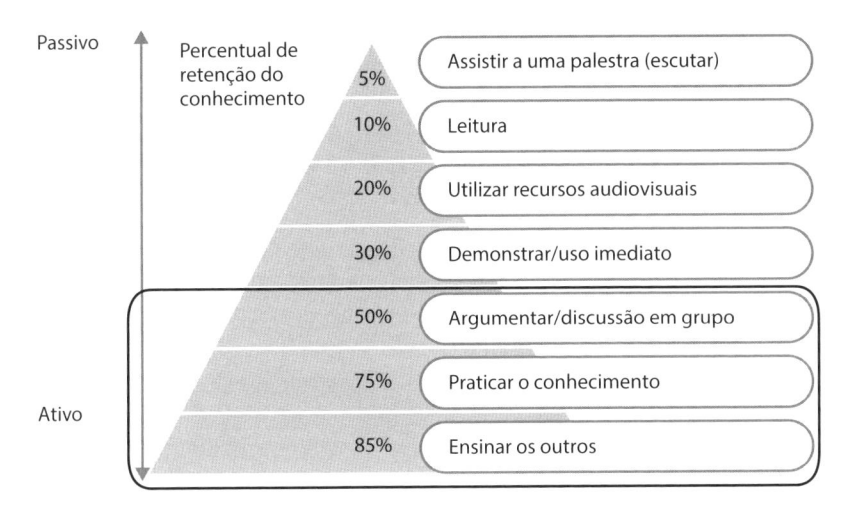

Figura 3.4 Pirâmide de aprendizagem.
Fonte: baseada em Dale (1969).

Portanto, a metodologia de ensino tradicional mostra-se inconsistente com a necessidade atual, ou seja, o modelo atual apresenta-se saturado e os resultados apresentados por ele não se dão de modo satisfatório. A metodologia ativa de aprendizagem mostra-se como uma forma de preencher essa lacuna ou campo demandado e pouco explorado.

Rego (2001, p. 276), ao aduzir ideia de Lee Iacocca, segundo o qual "[...] a competitividade de um país não começa na fábrica ou no laboratório de engenharia, mas na sala de aula", vai ao encontro da aplicação das metodologias ativas de ensino. Isso porque, ao se utilizar estratégias pedagógicas calcadas nesses métodos, possibilita-se aos alunos aprenderem por meio de suas experiências de vida, ou seja, partindo de sua realidade, por meio da problematização, do questionamento e do fazer pensar (e não do memorizar ou reproduzir conhecimento). Em outras palavras, atribui-se significado à aprendizagem (aprendizagem significativa) ao relacionar a informação a um aspecto relevante já existente na estrutura cognitiva do aprendiz.

A construção do conhecimento passa a ser mediada pelo docente, que atua como um problematizador (BACICH; TANZI NETO; TREVISANI, 2015), ou, melhor, um facilitador, não apenas um transmissor de conhecimento (orador em aulas expositivas). As estratégias pedagógicas fomentam o aprendizado ativo, uma vez que a elaboração e a aplicação permitem a construção interativa do conhecimento.

PARTE

II

Estratégias pedagógicas para o aprendizado ativo

ESTRATÉGIA 1:
Atividade de contrato de aprendizagem

A complexidade crescente no âmbito mundial, nacional e local tem demandado o desenvolvimento de capacidades humanas cada vez mais amplas e profundas e, ao ingressar na educação básica ou no ensino superior, é preciso ajudar o aluno a compreender seu papel, o do professor e o da instituição.

Em um modelo de aprendizado ativo, essa prática se torna ainda mais importante, pois o aluno precisa ser sensibilizado sobre sua responsabilidade nesse processo.

Destaca-se que o engajamento do aluno em relação às novas aprendizagens é condição essencial para ampliar suas possibilidades de exercitar a autonomia na tomada de decisões em diferentes momentos do processo que vivencia, preparando-se para o exercício profissional.

Nesse sentido, a interação positiva com seus professores é uma das principais fontes para gerar engajamento, aliadas ao desenvolvimento de atividades pedagógicas diferenciadas. Por isso, sugere-se a realização de contrato de aprendizagem entre professores e alunos no início do processo.

O contrato de aprendizagem funciona como uma atividade simbólica em que aluno e professor responsabilizam-se pelo processo de ensino-aprendizagem. É um acordo entre as partes, com a finalidade de resguardar e pactuar um conjunto de regras, direitos e obrigações, de ambas as partes, que se estabelece no início do ano ou semestre letivo. Os valores da instituição devem estar presentes nesse contrato simbólico.

O professor não deve só apresentar, mas situar o aluno em seu plano de ensino, associando seu conteúdo à necessidade dos conhecimentos que o aluno precisa aprender relacionando com a vida ou com a futura profissão e apresentando de maneira muita clara o que os alunos precisam fazer por meio desse instrumento.

O objetivo dessa prática é chamar atenção dos alunos sobre sua responsabilidade no processo de apropriação do conhecimento e de desenvolvimento das competências necessárias para o exercício profissional.

Essa prática tem sido muito usada, devido à necessidade de gerar a distribuição de responsabilidades, a tomada de consciência e, principalmente, a empatia do aluno.

COMPETÊNCIAS

- Desenvolver a capacidade de cooperação e socialização.
- Desenvolver a autonomia do aluno.

SUGESTÃO DE CONTRATO DE APRENDIZAGEM

IDENTIFICAÇÃO DAS PARTES CONTRATANTES

Acadêmico(a): (Fulana da Silva), residente e domiciliado(a) na Rua (xxx), nº (xxx), bairro (xxx), CEP (xxx), Cidade (xxx), no Estado (xxx), devidamente matriculado(a) no (nome do curso).

Professor Genésio Dantas, docente da (nome da instituição).

As partes acima identificadas têm, entre si, justo e acertado, o presente Contrato de Aprendizagem, que se regerá pelas cláusulas seguintes descritas no presente.

DO OBJETO DO CONTRATO

Cláusula 1ª. O presente contrato tem como OBJETO o plano de aprendizagem, a ser vigorado de (xxx) a (xxx), a ser seguido pelos alunos e professor.

Parágrafo Único. O plano de aprendizagem poderá sofrer ajustes no decorrer do semestre letivo, para melhor adequação à demanda dos alunos, do calendário letivo e do processo de ensino-aprendizagem.

CONDIÇÕES GERAIS

Cláusula 2ª. O presente contrato passa a vigorar entre as partes a partir da sua assinatura.

Cláusula 3ª. Segue, em anexo, o plano de aprendizagem do estudante.

DO PROCESSO DE APRENDIZAGEM

Cláusula 4ª. O processo de aprendizagem universitária, de acordo com suas características próprias, deverá ter como princípios:

I   O protagonismo do estudante no processo de aquisição do conhecimento, incluindo-se a mediação do docente.
II A essência como significado: quando esse tipo de aprendizagem ocorre, o elemento de significado para o aprendiz é construído na experiência total.

III A dedicação à pesquisa: o estudante deve dedicar parte de seu tempo acadêmico ao desenvolvimento da pesquisa relacionada com os conteúdos apresentados em aula.

IV O compromisso com a extensão: o estudante deve dedicar-se à extensão como parte significativa da práxis formativa e da formação do cidadão crítico e reflexivo.

V O empreendedorismo: o estudante dos cursos da (nome da instituição de ensino superior – IES) deve demonstrar espírito empreendedor dentro de suas respectivas atuações profissionais como forma de intervir na realidade social local.

DO PERFIL DO ESTUDANTE

Cláusula 5ª. O perfil do estudante de (curso) da (IES) deve conjugar-se aos objetivos estabelecidos pela instituição e contemplar:

I Envolvimento pessoal: inclusive seus sentimentos aos aspectos cognitivos.

II Autonomia: mesmo havendo o estímulo por parte do docente, o aluno deve ter a consciência de que o maior estímulo é intrínseco.

III Responsabilidade: o estudante é responsável pela execução das atividades propostas, bem como pela participação nas atividades sugeridas.

DAS ATRIBUIÇÕES DO DOCENTE

Cláusula 6ª. Compete ao docente da disciplina:

I Mediar o processo de aprendizagem.

II Incentivar o estudante a resolver as atividades de forma autônoma.

III Auxiliar aqueles que demonstrarem dificuldades com a metodologia ativa.

IV Propor situações concretas e debruçar-se na resolução delas.

V Apresentar o planejamento das atividades docentes.

DA AVALIAÇÃO

Cláusula 7ª. Todas as avaliações elaboradas no curso devem ser de natureza formativa, processual e participativa.

Cláusula 8ª. As avaliações serão discutidas até 24 horas após sua realização.

Cláusula 9ª. As partes elegem a (IES) como depositária do contrato.

Por estarem assim justos e contratados, firmam o presente instrumento, em 2 (duas) vias de igual teor, juntamente com 2 (duas) testemunhas.

(Local, data e ano)

(Nome e assinatura do discente)   (Nome e assinatura do docente)

RECOMENDAÇÕES

Para crianças menores, ainda é possível realizar a **lista de combinado**s da turma, lembrando que, de modo geral, os professores tendem a trazer as regras já prontas, e essa atitude representa um grande erro, capaz de colocar toda a negociação de modo sem sentido para os alunos.

Deixe as crianças dizerem o que podem e não podem fazer, construa juntos uma lista de atitudes que um bom aluno deve ter, combine as consequências que devem ocorrer quando não se cumpre o que combinou e aplique-as, caso seja necessário.

O debate, a lista de combinados e as regras de funcionamento da disciplina também podem ocorrer com alunos do ensino médio e da educação superior, caso o professor não queira aplicar um contrato de fato.

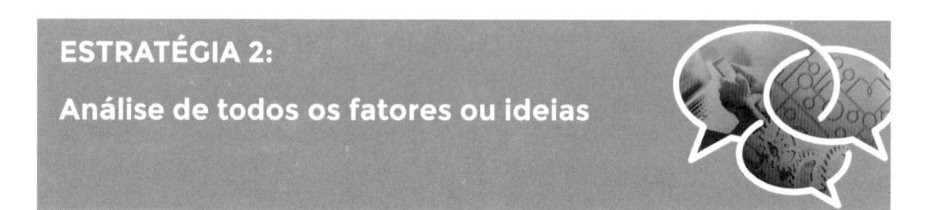

ESTRATÉGIA 2:

Análise de todos os fatores ou ideias

A **análise de todos os fatores ou ideias** (ATF/I) incentiva os alunos a pensarem sobre os fatores ou ideias relevantes acerca de um tema, problema ou assunto. Isso porque a estratégia oportuniza aos alunos discutirem, debaterem e considerarem a importância de cada fator ou ideia na tomada de decisão em questão.

Essa estratégia pode ser usada em conjunto com a atividade **giro colaborativo**.

COMPETÊNCIAS

- Gerenciamento e troca de informações.
- Trabalho em equipe.
- Reflexão (pensamento) e resolução de problemas.
- Tomada de decisão.

CONSIDERAÇÕES ACERCA DO LEIAUTE DA SALA DE AULA

Se utilizar em conjunto com a estratégia giro colaborativo, os alunos podem precisar circular entre os grupos, passando por diferentes mesas em uma sala.

Como alternativa, os alunos podem permanecer sentados e passar uma folha de *flip-chart* para o grupo ao lado, após determinado tempo. Assim, em vez de o grupo circular, a folha passa a movimentar-se pelos grupos.

SEQUÊNCIA DIDÁTICA

1. O professor promove o debate e a discussão com os alunos sobre a importância de considerar todos os fatores na tomada de decisão e no planejamento. Os fatores referem-se ao tema da aula; a situação-problema que está sendo tratada. Com a movimentação dos grupos ou das folhas, outros fatores, ainda não considerados, podem ser mais adequados do que aqueles antes pensados e mudar a tomada de decisão ou o planejamento que inicialmente acreditava-se que fossem os ideais ou corretos.

2. Em grupo, os alunos devem preencher o modelo de ATF/I (Fig. 1).

> **Exemplo de cenário de ATF/I**
> Foi realizado o planejamento para a construção de um novo terminal e pista no aeroporto de Foz do Iguaçu, para lidar com o número crescente de turistas e o acentuado interesse comercial na região da tríplice fronteira. No entanto, a comunidade local e os ambientalistas se opõem. Quais fatores devem ser envolvidos na decisão final?

3. Os alunos devem avaliar os fatores determinados por seus pares, modificar e acrescentar novos fatores. Duração: 8 minutos por grupo. Cinco grupos. Tempo total desta atividade: 40 minutos.

4. O professor deve promover um debate/discussão, reunindo todos os fatores e fazendo um *metaATF/I* – uma ATF/I – com os principais fatores elencados por todos os grupos. Como resultado, deve evidenciar a força da coletividade, da reunião de todos os fatores sintetizados em um único modelo (demonstrar no *flip-chart* ou quadro). Duração: 15 minutos.

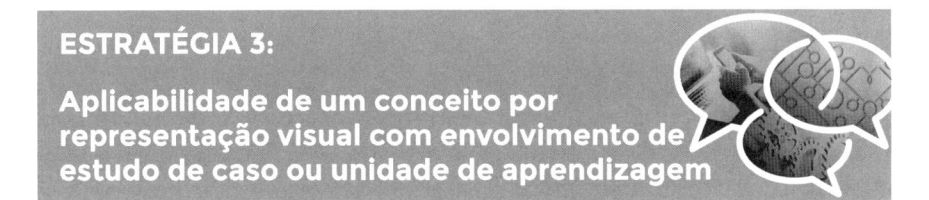

ESTRATÉGIA 3:
Aplicabilidade de um conceito por representação visual com envolvimento de estudo de caso ou unidade de aprendizagem

A aplicabilidade de um conceito é a realização de uma ideia já constituída socialmente de modo concreto. É praticar ou vivenciar algo existente no plano das ideias.

Ideia/desafio/problema/cenário a ser discutido:	
Fator/Ideia 1:	Vantagens/prós:
	Desvantagens/contras:
	Fatores interessantes/sugestões:
Fator/Ideia 2:	Vantagens/prós:
	Desvantagens/contras:
	Fatores interessantes/sugestões:
Fator/Ideia 3:	Vantagens/prós:
	Desvantagens/contras:
	Fatores interessantes/sugestões:
Após a discussão de todos os fatores ou ideias, eu/nós...	

Figura 1 Modelo da estratégia ATF/I.
Fonte: adaptada e traduzida de CCEA (2007, documento *on-line*).

Sabe-se que, na educação, existem muitos momentos destinados ao estudo teórico em detrimento do estudo prático. No entanto, para conquistar nossos alunos e garantir a apropriação conhecimento de fato, faz-se necessário buscar maneiras diferentes de trabalhar o conteúdo.

O segredo está na escolha da estratégia pedagógica: nada de decorar conceitos! É preciso compreender aquilo que está no texto e relacioná-lo com a vida do aluno.

Melhor ainda se, depois da tradicional explicação, for possível transformar a teoria em prática.

A estratégia selecionada trata-se especificamente da possibilidade de transformar o estudo conceitual em atividades mais práticas e ativas e tem como principal objetivo praticar o conceito estudado.

COMPETÊNCIAS

- Aplicabilidade de conceitos teóricos no campo profissional.
- Articulação entre teoria e prática com o problema real do campo profissional.
- Ampliação da capacidade de expressão do aluno no que se refere à argumentação oral e escrita.

SEQUÊNCIA DIDÁTICA

1. O professor deverá solicitar a realização da leitura do texto indicado (em sala ou em casa) ou da unidade de aprendizagem em que os alunos identifiquem os conceitos apresentados e/ou ideias que considerem relevantes.
2. Após essa atividade, o professor deve fazer um debate sobre as anotações dos alunos.
3. Como essa estratégia trata da aplicabilidade de um conceito envolvendo um estudo de caso ou unidade de aprendizagem, após o diálogo com os acadêmicos sobre os principais assuntos abordados no texto, o professor deve solicitar a leitura do caso selecionado para que os acadêmicos estabeleçam relações entre o conteúdo do texto (teórico) e o caso relatado (prático).
4. A ideia é que o aluno "encontre" o conceito na situação-problema descrito (no caso ou unidade de aprendizagem). Para este tipo de atividade, o caso (ou unidade de aprendizagem) selecionado não deve ser muito longo ou de maior complexidade e deve auxiliar o acadêmico no processo de compreensão da aplicabilidade de um conceito.
5. Após a identificação conceitual na descrição do caso/unidade de aprendizagem, o professor deve solicitar sua aplicabilidade por meio de uma demonstração, explanação, representação visual (maquetes, construção de símbolos, *storytelling* – contação de histórias, etc.), experimentação ou outro modo que for pertinente, de acordo com o conteúdo necessário.
6. Os acadêmicos deverão expor o trabalho realizado apresentando como o conceito está manifestado. Nesse momento, é importante estimular os demais acadêmicos a contribuírem com questões e/ou argumentos durante as apresentações.
7. O estudante se envolve de forma ativa e atuante em seu processo de aprendizagem, e o professor, que assume o papel de orientador e mediador da

discussão sobre a solução de problemas expostos, instiga e provoca, assim como acontece na vida, na qual os problemas aparecem sem avisar e precisam de solução.

ESTRATÉGIA 4:

Aplicativos na educação

Os aplicativos são programas de computador concebidos para processar dados eletronicamente. Têm como intuito facilitar e reduzir o tempo de execução de uma tarefa pelo usuário, bem como proporcionar o acesso aos novos conhecimentos de forma diferenciada.

Devido ao crescimento da produção de aplicativos desenvolvidos para auxiliar usuários a acessarem novos conhecimentos, eles têm sido amplamente utilizados como recurso pedagógico de alta relevância nos contextos educativos.

O uso de aplicativos em contextos educacionais é capaz de proporcionar diferentes possibilidades de trabalho pedagógico de modo significativo. No entanto, essas novas tecnologias digitais precisam ser utilizadas de maneira criativa e também crítica, buscando adequar seus usos aos conteúdos necessários.

Para esta estratégia, não indicaremos uma sequência didática, mas uma lista de aplicativos já testados pelos autores com possibilidades diferentes de exploração em contextos educativos.

Tais aplicativos podem ser utilizados em conjunto com as estratégias *storytelling* (contação de histórias), construção de estudo de caso ou problemas do cotidiano, entre outras.

• Pixton

Aplicativo para criação de quadrinhos de forma fácil e rápida.

• Scribble Press

Com o Scrible Press, é possível contar sua história com imagens e fotos.

• UTellStory

O UTellStory é uma plataforma *on-line* que permite contar e compartilhar histórias com fotos, vídeos, áudio e animações.

• Meograph

O Meograph é um dos *sites* mais conhecidos para a criação de histórias próprias.

• VoiceThread

Com o VoiceThread, o aluno poderá fazer uma gravação junto a quantas pessoas quiser e compartilhar esse conteúdo em diversos *sites*. Além disso, cada gravação pode receber comentários em formato de vídeo, imagem, áudio e texto.

• StoryKit

O StoryKit permite que o aluno faça um conteúdo interativo com facilidade e rapidez. Ele só precisa ter uma boa história, criatividade e pronto! Suas histórias terão imagens, sons e animações para melhorar ainda mais a experiência de *storytelling*.

• Puppet Pals HD

O Puppet Pals HD é utilizado para criar uma apresentação com animação e áudio de forma fácil e rápida. Com o Puppet Pals, é possível escolher os personagens da história e gravar a voz por cima. É uma ótima ferramenta para liberar a imaginação e dar vida às histórias que estão na mente.

• Storyboard

O Storyboard é um *software* usado para quem quer criar uma história rapidamente. Além disso, com essa ferramenta, é fácil compartilhar e salvar suas criações.

• SonicPics

O SonicPics permite organizar imagens e fazer gravações narrando sobre elas.

• Comic Life

Para o aluno que sempre quis ser um escritor de histórias em quadrinho, o Comic Life torna seu sonho possível. O aplicativo permite a utilização de fotos e imagens do próprio celular para criar as histórias.

• SlickFlick

O SlickFlick utiliza as fotos do celular para criar vídeos e animações, ao contar a história de maneira fácil e compartilhá-la com seus amigos.

• Hands

O Hands é um aplicativo colaborativo em que várias pessoas podem, juntas, escrever e criar histórias com imagens, textos, áudio e animações.

APLICATIVOS PARA GERAR GRÁFICOS E INFOGRÁFICOS

• Piktochart

O Piktochart é uma ferramenta da *web* que tem seis temas livres decentes (e um monte de outras para a versão paga) para a criação de visualizações simples. É possível arrastar e soltar diferentes formas e imagens, e há um pouco de personalização disponível. Também pode adicionar linha simples, barra e gráficos de *pizza* usando dados de *comma-separated values* (CSV) ou utilizando entrada manual.

• Infogr.am – https://infogr.am

O Infogr.am é outra ferramenta gratuita de *Web* com alguns bons temas e uma excelente interface para criar infográficos simples. Esta opção também permite a criação de gráficos com dados reais.

• Pictovia – http://pt.pictovia.com

Apesar de ser mais simples e compacto, é quase todo em português, sendo mais prático para quem ainda não está adaptado com *sites* estrangeiros. Apesar de não possuir tantas formas de formatação dos gráficos, este *site* apresenta uma grande variedade de opções (como gráficos de diagrama circular, circular 3D, polar, histograma agrupado, barras e curvas, entre outros). A alocação dos dados é feita de maneira fácil e rápida, devido ao fato de o quadro de edição ser pré-montado. Após elencadas as informações, o usuário poderá escolher a cor dos marcadores e o modo de salvá-lo, dispondo de opções como salvar em formato de imagem ou em PDF ou compartilhá-lo em redes sociais (neste caso, necessita cadastro no *site*, realizado de forma gratuita).

• JS Charts 3.0 – www.jscharts.com

O JS Charts 3.0 consiste em um *site* mais completo, parte do Jumpeye Components, possuindo, além de uma versão gratuita (para *download* ou edição *on-line*) com vários modelos de gráficos, uma versão paga com ampla gama de funcionalidades adicionais.

APLICATIVOS DE REALIDADE AUMENTADA

• The Elements: A Visual Exploration

O The Elements: A Visual Exploration é ótimo para o ensino-aprendizagem da tabela periódica. É possível escolher elementos e ver em imagens 3D diferentes objetos feitos a partir de uma substância química.

• Frog Dissection

O Frog Dissection é uma ferramenta que permite o ensino da dissecação em sapos. É útil para alunos que estão aprendendo sobre os órgãos e os sistemas do corpo. É ótimo para as áreas de biologia e ciências.

• History: Maps of World

O History: Maps of World disponibiliza diferentes mapas em alta resolução de várias partes do mundo de diversos períodos da história. Pode ser usado em aulas de história e geografia.

• Monster Anatomy – Lower Limb

O Monster Anatomy – Lower Limb pode ser chamado de atlas da radiologia, com mais de 360 imagens em três planos anatômicos diferentes dos membros inferiores do corpo. As imagens são em 3D, permitindo a interação e a escolha do local específico a ser analisado. Há cinco categorias diferentes disponíveis: ossos, articulações, músculos, vasos sanguíneos e nervos.

• Motion Math

O Motion Math é um jogo em 3D que simula a jornada de uma estrela de volta para o espaço. Para acertar, é necessário mover as frações para os locais corretos na escala e números. É ótimo para o ensino e a prática da matemática.

• Quiver

O Quiver é um aplicativo gratuito que permite o uso da realidade aumentada a partir de imagens para colorir, disponíveis para impressão em seu portal. Além de apresentar os objetos em 3D, as imagens oferecem as mais diversas interações.

• Mind Meister

O Mind Meister é um aplicativo utilizado para a elaboração de mapas mentais. Funciona em um sistema de Cloud Computing, ou seja, você só precisa criar sua conta e então poderá ter acesso a ela a partir de qualquer computador com acesso à internet.

• StormBoard

O StormBoard é um mapa mental um pouco diferente, mas igualmente eficaz. Em vez de ter várias ramificações, ele opta por ter um quadro onde são realizadas várias anotações. O objetivo dele é ter um quadro de colaborações, onde várias pessoas podem inserir anotações, votar ou comentar cada ação.

• SimpleMind

O SimpleMind permite a produção de mapas mentais sem o uso de imagens, mas igualmente eficaz. Possui várias ramificações, cores e possibilidades de organização.

APLICATIVOS PARA INTERAÇÃO IMEDIATA/ QUESTIONÁRIOS

• Poll Everywhere – www.polleverywhere.com

O Poll Everywhere serve para realizar anotações no corpo do texto durante a leitura, e o professor, ao iniciar a explicação, parte das anotações dos alunos. As anotações podem ser transcritas no quadro, mas fica mais interessante se o professor usar alguma rede social ou plataforma *on-line*. A ideia é que o *slide* vá sendo construído com os alunos de modo colaborativo.

• Socrative – www.socrative.com

O Socrative permite a criação de questionários e transforma o dispositivo do aluno em um *clicker*. Possibilita, ainda, a utilização de vídeo e imagem e gera resultados analisáveis por questão e por aluno.

• Kahoot – https://kahoot.it

O Kahoot possui a mesma finalidade apontada pelo Socrative, ou seja, também permite a geração de questionários, transformando o dispositivo do aluno em um *clicker*. Podem ser utilizados vídeos e imagens, analisáveis por questão e por aluno.

ESTRATÉGIA 5:

Aprendizagem em espiral

A aprendizagem em espiral tem como fundamento a histórico-criticidade da apropriação do conhecimento. Essa estratégia foi criada pelo professor Armando Daros Junior,[1] e, conforme indicação do autor, deve ser utilizada para conteúdos mais complexos e que exigem um maior grau de sistematização, compreensão e criticidade. A aprendizagem em espiral possibilita que o aluno expanda seus horizontes analíticos, bem como permite o exercício argumentativo, pois parte da síncrese, ponto de partida no qual o estudante expõe seu argumento, ainda que de forma individual e pouco elaborada, passando pela análise, na qual os elementos que compõem o texto são mais bem explorados com o auxílio dos pares, e finaliza com a análise dos outros grupos e do docente, possibilitando a síntese, ponto de chegada no qual foram incorporadas as reflexões obtidas nas etapas anteriores e uma conclusão mais consistente.

Os pontos mais positivos dessa estratégia é garantir espaço ao aluno para que registre e expresse suas ideias, evitando que haja assimetrias na participação dos alunos, com alunos muito dominadores ou muito passivos, o que pode ocorrer dentro de dinâmicas com grupos muito numerosos.

A Figura 2, a seguir, apresenta uma representação gráfica da aprendizagem em espiral.

COMPETÊNCIAS

- Ampliação de conceitos (visão acerca do assunto).
- Síntese.
- Sistematização de conhecimentos.
- Análise de conteúdos mais complexos.
- Comparação.
- Expressar opinião (oral e escrita) acerca de um assunto.
- Comunicação.
- Estudo colaborativo.
- Associação de ideias.

---

[1] Professor Armando Daros Junior, pedagogo, docente e autor dessa estratégia pedagógica.

Figura 2 Representação gráfica da aprendizagem em espiral.

SEQUÊNCIA DIDÁTICA

1. O professor solicita a leitura do texto selecionado em casa ou no início da aula e então disponibiliza aos alunos uma ficha (modelo a seguir) com excertos ou questões previamente selecionadas que considera fundamental e que podem variar, conforme o volume do conteúdo.

2. A seguir, o aluno deve preencher o primeiro quadro "Síncrese: leitura inicial", no qual ele registra sua compreensão, individual e parcialmente atingida, sobre o excerto ou questão.

3. Após registro da compreensão individual, o professor deve propor a "Análise em pares". Neste momento, os alunos reúnem-se em grupos de dois, três ou quatro para debater os registros individuais. Cada membro do grupo deve registrar outras compreensões do mesmo excerto, que devem ser diferentes da dele. O objetivo desta etapa é possibilitar o debate e a troca de pontos de vista entre os membros do grupo.

4. Nesta última etapa, o docente solicita que cada grupo exponha seus registros sobre o excerto para toda a sala e também e esclarece as dúvidas que porventura surgirem. Os alunos devem registrar essas informações de forma sintética no último quadro, "Síntese do grupo". Essa fase é muito importante, pois possibilita que o professor faça as mediações necessárias e aprofunde o conhecimento. A Figura 3 apresenta um modelo da aprendizagem em espiral.

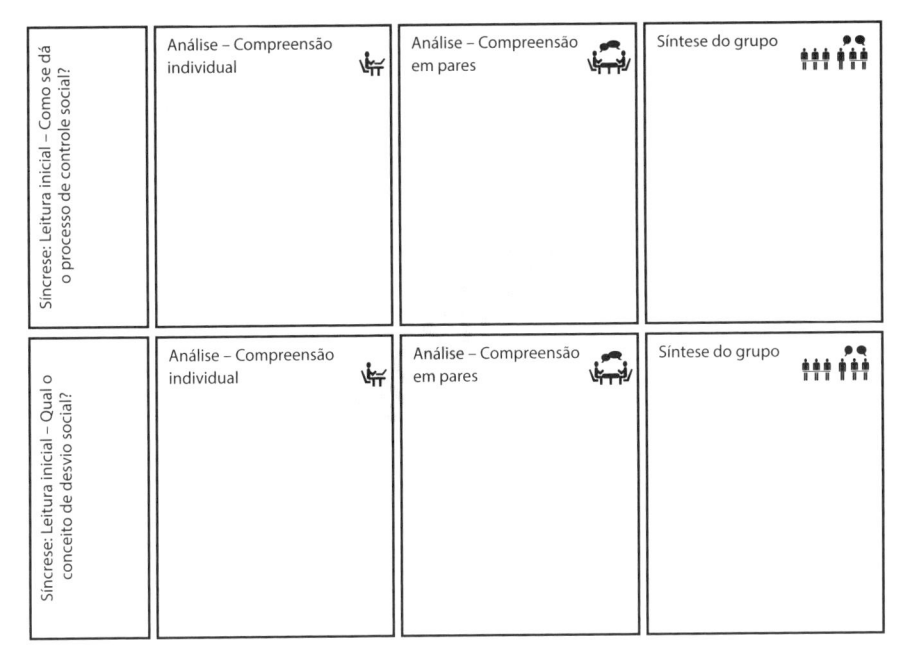

Figura 3 Modelo da aprendizagem em espiral.

A árvore de problemas é uma estratégia que visa à análise de problemas, por meio da identificação das causas e efeitos relativos a um problema central (CORAL; OGLIARI; ABREU, 2009). Assim, ao analisar, é feita a representação gráfica da situação ou problema (tronco), juntamente com suas causas (raízes) e efeitos (galhos e folhas).

Essa estratégia pode ser realizada após a estratégia de *brainstorm, brainwriting* ou outra que identifique o problema a ser resolvido. Pode ser realizada com o uso de *post-its*.

COMPETÊNCIAS

- Análise.
- Associação e desenvolvimento de ideias.
- Trabalho em equipe.
- Reflexão e tomada de decisão.

SEQUÊNCIA DIDÁTICA

1. As equipes devem ser formadas com no mínimo três e no máximo cinco alunos.
2. O problema central (ou situação) é relatado ou distribuído para que os grupos o analisem segundo a árvore de problemas. Esta atividade pode ser precedida de *brainstorm*. Neste caso, após o *brainstorm*, o grupo de alunos analisa o problema nele identificado fazendo uso da árvore de problemas.
3. Pode-se construir a árvore de problemas em folhas de *flip-chart*, A1 ou A3, colocando-as na parede, se necessário, e preenchendo-as com o uso de *post-its*.
4. O problema central deve ser colocado no centro do papel (tronco da árvore).
5. Acima do problema, devem ser colocados os efeitos ou consequências derivadas do problema (galhos e folhas – copa da árvore).
6. Abaixo do problema central, deverão ser colocadas as causas que levaram àquele problema (raízes da árvore).
7. Após a construção da árvore de problemas, o professor deve promover uma discussão ou debate em sala de aula. Pode, por exemplo, verificar se os alunos diagnosticaram outros problemas e se, ainda, consideram aquele primeiro problema como o problema central.

A Figura 4 apresenta a árvore de problemas com *post-its*.

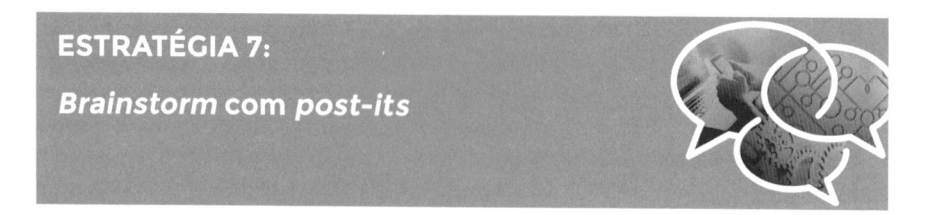

ESTRATÉGIA 7:

Brainstorm com *post-its*

O *brainstorm* com *post-its* é uma estratégia para ser utilizada quando se desconhece o problema, assunto ou desafio, buscando esclarecer e buscar mais informações acerca do tema. É, talvez, a estratégia de geração de ideias mais conhecida. Baseia-

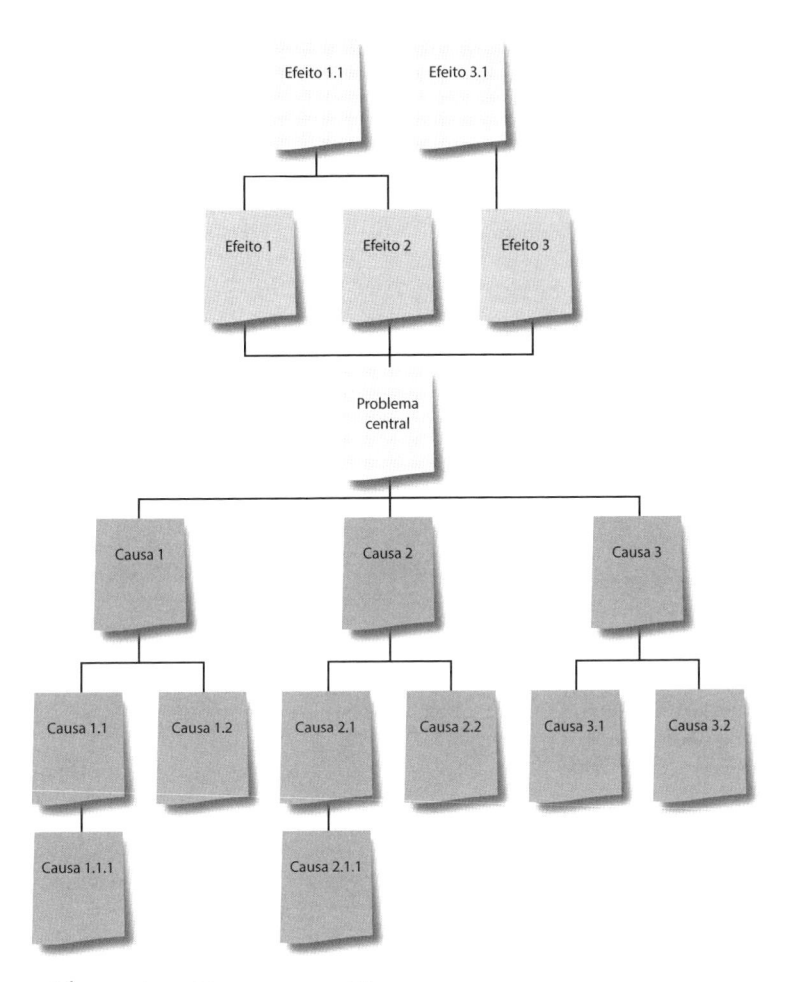

Figura 4 Árvore de problema com *post-its*.

-se na exposição espontânea de ideias, sem julgamento ou críticas. Depois, é dado tempo para que se faça a análise. É uma estratégia que estimula e incentiva a criatividade para gerar uma série de ideias, problemas, questões ou soluções. O *brainstorm* pode preceder atividades como a pirâmide de prioridades, o mapeamento de causas ou a ATF/I.

COMPETÊNCIAS

- Troca de informações.
- Desenvolvimento da criatividade.
- Associação e desenvolvimento de ideias.
- Trabalho em equipe.
- Reflexão e tomada de decisão.

SEQUÊNCIA DIDÁTICA

1. As equipes devem ser formadas com o mínimo de três e o máximo de cinco alunos.
2. As equipes devem ser distribuídas em uma sala com bastante espaço nas paredes.
3. Os *post-its* e marcadores devem ser distribuídos e deve-se ter folhas de *flip-chart*, bem como fitas para prendê-las na parede, se for necessário. Pode-se solicitar aos participantes, com antecedência, que tragam *post-its* para a aula.
4. Cada participante deve receber ou definir antes o tema, assunto, problema ou desafio a ser trabalhado.
5. Dá-se início ao *brainstorm*. Pede-se à equipe que vá até a parede ou quadro e coloque o tema, assunto, desafio ou problema no centro. Abaixo dele, os integrantes devem escrever ideias ou o que já sabem sobre o tema, assunto, desafio ou problema – uma informação apenas para cada *post-it* (Fig. 5).
6. Os alunos devem apresentar todas as ideias que eventualmente surjam, sem rodeios, elaborações ou considerações. As ideias devem fluir rapidamente.
7. Os alunos devem sentir-se à vontade durante a atividade. Neste momento, não existem ideias ruins ou absurdas, pelo contrário, elas devem ser encorajadas e estimuladas. Quantidade, neste caso, é melhor do que qualidade. Quanto mais ideias, melhor. Elas propiciam a associação de ideias.
8. Se o professor achar necessário, pode fazer um breve aquecimento com os alunos, demonstrando a estratégia com um grupo.
9. Nesta fase, é feita a seleção de ideias. Peça aos alunos para organizarem as ideias, que podem ser classificadas quanto à importância, prioridade, ou outras categorias que julgarem pertinentes.
10. Na seleção de ideias, os alunos devem:
    a) analisar todas as ideias expostas;
    b) classificar as causas do problema ou as soluções propostas;
    c) combinar ou associar causas ou soluções (inter-relacioná-las).
11. Ao final, o professor pode promover uma discussão ou debate acerca da atividade trabalhada em sala de aula e resultados alcançados.

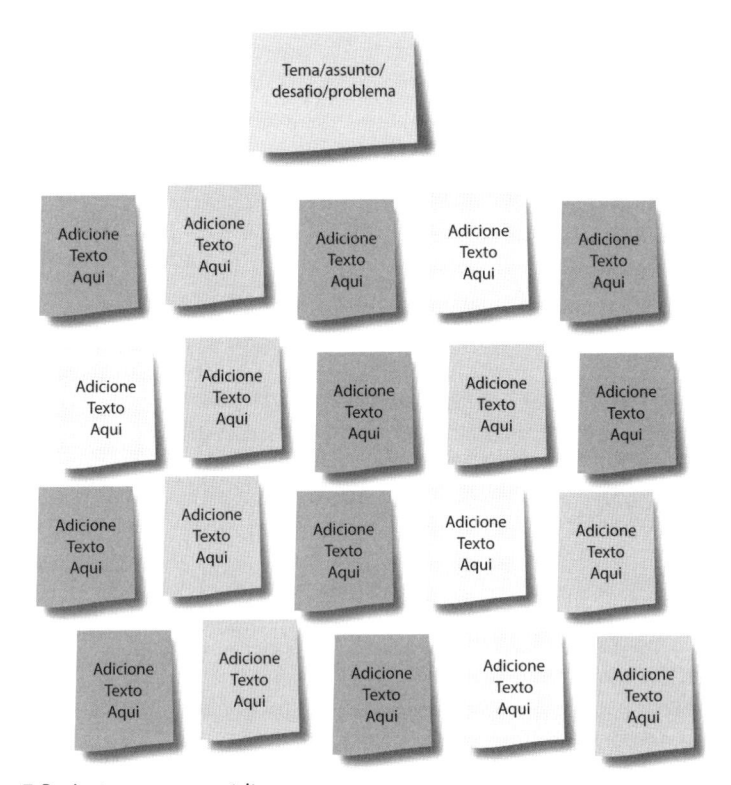

Figura 5 *Brainstorm* com *post-its*.

ESTRATÉGIA 8:
Brainwriting

O *brainwriting* é uma estratégia que consiste em realizar o debate e discussão de ideias sobre determinado tema, assunto, desafio ou problema. O objetivo é promover o protagonismo individual e coletivo do aluno, fazendo-o se posicionar e lançar suas ideias e possíveis soluções ao grupo.

COMPETÊNCIAS

- Troca de informações.
- Associação e desenvolvimento de ideias.
- Trabalho em equipe.
- Reflexão e tomada de decisão.

CONSIDERAÇÕES ACERCA DO LEIAUTE DA SALA DE AULA

Os alunos devem ser reunidos em equipes com, no máximo, seis integrantes, em uma sala com bastante espaço para exposição. Cada grupo deve ficar ao redor de uma mesa ou em círculo.

SEQUÊNCIA DIDÁTICA

1. As folhas de papel em branco (modelos – Fig. 6) devem ser distribuídas.
2. Ao iniciar a sessão, o professor deve pedir a cada participante que coloque até três ideias na sua folha de papel. Duração: 5 minutos.
3. Ao final dos 5 minutos, o professor deve solicitar que cada participante passe sua folha para o próximo participante, à sua direita (sentido anti-horário).
4. Nos próximos 5 minutos, cada participante deverá escrever três novas ideias na folha que recebeu do colega, ou complementar as já escritas. Esse processo deve se repetir até as folhas retornarem aos donos iniciais.
5. O professor vai em cada grupo e recolhe os papéis. O grupo, em conjunto, discute e avalia cada ideia, reunindo as melhores e descartando e eliminando as absurdas ou impraticáveis. As melhores devem ser escritas em um documento acerca do tema, problema, assunto ou desafio proposto.
6. Dicas: para otimizar, sugere-se aos alunos que:
   - evitem o julgamento. Não há ideias ruins ou absurdas. Depois a equipe terá tempo para analisá-las e selecioná-las;
   - estimulem as ideias que vão ao encontro dos benefícios que o produto deverá gerar;

Problema/tema/assunto/desafio:			
Sessão	Ideia 1	Ideia 2	Ideia 3
Participante 1			
Participante 2			
Participante 3			
Participante 4			
Participante 5			
Participante 6			

Figura 6 Modelo de folha a ser entregue aos alunos para a prática do *brainwriting*.

- lembrem que as ideias devem proporcionar valor ao usuário;
- foque nas características que o produto deve ter.

ESTRATÉGIA 9:
Construindo um muro

A estratégia construindo um muro permite que os alunos considerem quais pontos são mais relevantes na construção de uma questão ou na resolução de um problema. Os alunos devem priorizar ideias e informações, bem como discutir e justificar suas escolhas acerca do problema/questão.

Esta atividade pode ser precedida de um *brainstorm* com *post-its*, a fim de gerar ideias antes de se fazer a priorização.

COMPETÊNCIAS

- Trabalho em equipe.
- Desenvolvimento de ideias, pensamento, reflexão e tomada de decisão.

CONSIDERAÇÕES ACERCA DO LEIAUTE DA SALA DE AULA

Os alunos podem utilizar um espaço do quadro branco ou de vidro, um espaço na parede, ou, uma folha de tamanho A3 ou A1. Alternativamente, podem também fazer uma tabela em uma folha A3 ou A4, ou, ainda, construir o muro com o uso de *post-its*.

SEQUÊNCIA DIDÁTICA

1. Os alunos devem formar grupos de no mínimo três e no máximo cinco pessoas.
2. Cada grupo recebe um conjunto de cartas com palavras, frases ou imagens que dizem respeito ao tema central da aula, assunto, desafio ou problema. Ou, em vez de usar as cartas com as palavras, o professor pode distribuir *post-its* e pedir aos alunos para escreverem suas próprias ideias em *post-its* e usá-los na construção da parede.
3. Caso trabalhe com cartas, deve entregar aos alunos um modelo do muro (Fig. 7), com o tema central da aula, assunto, desafio ou problema no topo. Se usar *post-it*, cada grupo pode desenhar seu próprio muro.
4. Os alunos devem, por meio dos cartões (ou dos *post-its*), decidir em grupo qual cartão ou *post-it* possui maior ou menor relevância com o tema central da aula, assunto, desafio ou problema. Os fatores importantes devem ser colocados no topo, os menos importantes, na base do muro.

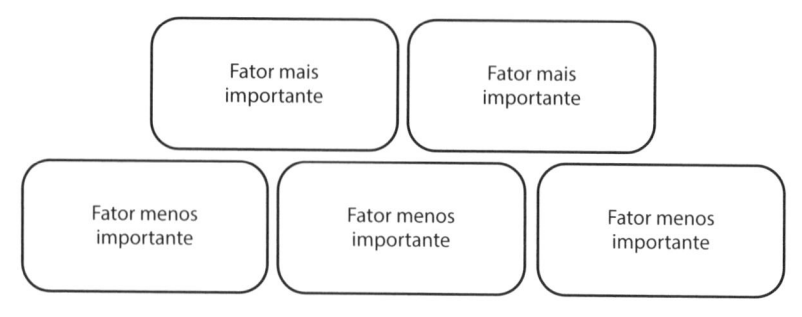

Figura 7 Exemplo da aplicação da estratégia construindo um muro.
Fonte: adaptada e traduzida de CCEA (2007, documento *on-line*).

5. Em seguida, os grupos devem oferecer um *feedback*, justificando as escolhas e decisões na construção do muro. Enquanto um grupo se justifica para os demais, os outros podem anotar e sugerir novas ideias.

6. Como atividade complementar a esta, sugerem-se as estratégias mapeamento de causas, ou a árvore de problemas para se explorar mais os pontos considerados relevantes no muro.

ESTRATÉGIA 10:
Construção de situações-problema (cenário de aprendizagem)

Na aprendizagem baseada em problemas, o "[...] disparador principal do processo ensino-aprendizagem é o problema ou situação-problema" (AQUILANTE et al., 2011, p. 148). O problema coloca o aluno no centro do processo, como protagonista. No entanto, é necessário construir situações-problema que vão estruturar essa aprendizagem, de modo que esses cenários ou problemas sejam situações que se caracterizem como um problema para os alunos. Trata-se, portanto, de construir um cenário de aprendizagem, com início e fim bem definidos.

Na construção de cenários, é preciso compreender os saberes que serão necessários para que o aluno compreenda a situação-problema e saiba aplicar quais recursos teórico-metodológicos a solução deve contemplar.

Com isso, a situação-problema, para Delizoicov (2008, p. 133), "[...] gera no aluno a necessidade de apropriação de um conhecimento que ele ainda não tem e que ainda não foi apresentado pelo professor".

Para a construção de problemas, são necessários alguns elementos, como: caso, situações-problema, bases de conhecimentos disponibilizadas aos alunos (artigos, vídeos, capítulos de livro), o foco que se quer dar ao problema. Para que não fique teórico, o problema deve buscar conteúdos que possam ser aplicados na prática, juntamente com situações que vão envolver as habilidades necessárias para sua resolução.

Esta atividade deve ser realizada pelo professor, como pré-aula.

COMPETÊNCIAS

- Análise crítico-analítica.

SEQUÊNCIA DIDÁTICA

1. Os objetivos de aprendizagem para o problema devem ser listados.
2. O contexto do problema no mundo real deve ser definido – é importante procurar inspiração em revistas, jornais e em conversas com profissionais da área para conseguir aplicações realistas dos conteúdos do problema.
3. A estrutura do problema deve ser estabelecida – nesta etapa, pode-se fazer as seguintes perguntas: Como será a aparência do problema? Que perguntas abertas é possível inserir? Qual será a estrutura do problema? Quantos períodos serão necessários para os estudantes concluírem o processamento do problema? Enquanto o problema é trabalhado, serão adicionadas informações aos estudantes em páginas subsequentes? Quais são os recursos que os estudantes precisarão? Qual é o produto que os estudantes terão de elaborar?
4. Deve-se lembrar que não se pode confundir os estudantes com muitas informações e detalhes.
5. Situações mais detalhadas podem demandar maior tempo de processamento e busca de novas informações.
6. Podem ser utilizadas pequenas histórias para ilustrar o problema.
7. Os professores devem antecipar os recursos que os alunos precisarão para resolver o problema, por exemplo: consulta à biblioteca e a laboratórios, entrevistas, conferências com especialistas, visitas técnicas, etc.

ESTRATÉGIA 11:
Construção de um estudo de caso

O estudo de caso é um instrumento pedagógico que apresenta um problema a ser solucionado. No entanto, o problema apresentado não possui solução pré-definida. Para tanto, faz-se necessário, antes, identificar o problema, analisar evidências, desenvolver argumentos lógicos, avaliar e propor soluções.

Trata-se de um instrumento pedagógico valioso, pois nos desafia a raciocinar, argumentar, negociar e refletir. O estudo de caso revela uma realidade na qual é possível visualizar os conhecimentos, aplicando-os "na prática". Isso porque o estudo de caso revela características holísticas e significativas dos acontecimentos da vida real (YIN, 2005), como, por exemplo, ocorre nos processos sociais, organizacionais e administrativos e nas mudanças em regiões urbanas, entre outros. Não obstante, para Becker (1999), o estudo de caso permite o estudo de uma situação social específica, como o estudo e a análise de uma organização ou organização não governamental (ONG) e a história de vida de pessoas ou de empresas, etc.

Quando aplicado individualmente, é uma técnica de tomada de decisão e de apresentação e resolução individual de problemas.

Essa estratégia volta-se para a construção de um estudo de caso em grupo, tornando-se uma técnica social, que requer que cada membro do grupo compreenda o problema e também tenha conhecimento necessário e argumentação para convencer os demais colegas do grupo acerca da realidade que ora buscam analisar e compreender.

COMPETÊNCIAS

- Argumentação oral.
- Trabalho em equipe.
- Resolução de problemas.
- Tomada de decisão.

SEQUÊNCIA DIDÁTICA

1. Os alunos deverão formar grupo de no mínimo três e no máximo cinco alunos.
2. O professor relata ou distribui o problema a ser compreendido. "O problema a ser compreendido é (xxx)?
3. Com o problema, os alunos devem definir objetivos que os ajudem a resolvê-lo. Para isso, é preciso cumprir os objetivos: 1. (xxx); 2. (xxx); n. (xxx).
4. Para responder o problema, o professor deve elaborar perguntas que possa fazer aos colegas e/ou demais alunos da faculdade. Cada grupo terá que entrevistar 10 pessoas. Exemplo: Qual é o significado de (xxx) para você? Pode indicar algumas ideias? O que vem a sua mente quando se fala de (xxx)? O professor deve atribuir uma nota de 1 a 5, indicando a importância da (xxx) para você.
5. Após entrevistar outros alunos – dependendo do tamanho da turma – os alunos podem entrevistar colegas da mesma sala de aula, para então voltar e escrever o caso.
6. O caso deverá conter:
   - Introdução: contextualização acerca da importância do tema, problema ou assunto; breve relato sobre a sua importância na vida das pessoas, de modo geral e sucinto; apresentação dos objetivos do estudo de caso.
   - Apresentação das informações coletadas e correlação com o assunto estudado; descrição da experiência de trocar informações sobre o tema,

problema ou assunto com os demais colegas ou alunos. Deve-se tecer correlações com a teoria.

- Relato sobre a percepção dos alunos, procurando-se analisar a importância do tema ou assunto para eles.
- Considerações finais.

7. Deve-se lembrar que o estudo de caso deverá ser um texto de três páginas no máximo. Deve-se solicitar aos alunos que explorem sua capacidade de síntese e argumentação. Pode-se fazer uso de gráficos, figuras, imagens e fotos, etc. Outra estratégia que pode ser utilizada é a de narrar histórias. Neste caso, serão narradas as histórias de vidas dos alunos acerca do tema.

ESTRATÉGIA 12:
Corrida intelectual gamificada

A corrida intelectual gamificada consiste em uma atividade pedagógica que pode ser trabalhada com uma diversidade de conteúdos.

Como se trata de um jogo em grupo, de caráter competitivo, observa-se que a estratégia garante o engajamento e a motivação dos estudantes para o aprendizado.

No entanto, é uma atividade que, se realizada com muita frequência, pode ocasionar desinteresse nos estudantes. Por isso, faz-se necessário cuidar com a frequência com que é praticada.

A estratégia pode ser utilizada para qualquer idade, desde que adequada à complexidade do conteúdo.

COMPETÊNCIAS

- Trabalho em equipe.
- Comunicação.

SEQUÊNCIA DIDÁTICA

1. O professor seleciona um conteúdo, que pode ter sido trabalhado anteriormente por meio de uma aula expositiva ou como tarefa a ser realizada de forma independente.

2. Com o conteúdo apresentado aos acadêmicos, o professor deverá elaborar uma série de afirmativas verdadeiras ou falsas (no mínimo 10). É importante destacar que **cada afirmativa** deve conter **duas ideias**. Por exemplo:
   - O Sistema Solar compreende o conjunto constituído pelo Sol e todos os corpos celestes que estão sob seu domínio gravitacional. O sol é o componente central, mas não é a principal fonte de energia do Sistema Solar. Resposta: VF
   - As ideias podem ser falsa-falsa, verdadeira-falsa, falsa-verdadeira e verdadeira-verdadeira, conforme indicação: FF, VF, FV ou VV.
3. Para gerar ainda mais engajamento, ao elaborar as questões, estas podem ser classificadas como fáceis (etapa 1), médias (etapa 2) ou difíceis (etapa 3).
4. Os alunos devem ser agrupados de 4 a 6, ou conforme o professor achar conveniente, e, em grupo, devem escolher um nome para representar as equipes.
5. Deve ser organizado e disponibilizado um quadro da seguinte forma (Quadro 1):

Quadro 1 Estratégia: Corrida intelectual gamificada

EQUIPES	300	300	300	100	500	500	500	1000	1000	1000
Aristóteles										
Platão										
Sócrates										
Rousseau										
Kant										
Marx										
Nietzsche										

O professor pode montar uma tabela no quadro ou produzi-la em formato de cartaz. Ainda, se preferir, pode-se entregar um papel e canetinhas para que o grupo escreva o nome da equipe de modo personalizado.

1. Para que todos os membros participem, antes de iniciar a atividade, o professor atribui uma letra do alfabeto para cada membro do grupo. Todos os grupos devem ter um membro com a letra A, B, C e D (Fig. 8).
2. O professor disponibiliza papeletas ou folhas para que as equipes possam colocar as respostas.

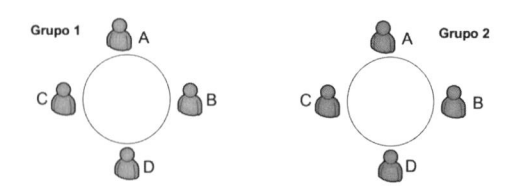

Figura 8 Organização das equipes para a prática denominada corrida intelectual gamificada.

3. Ao iniciar a atividade, o professor anuncia qual membro deve responder e, posteriormente, disponibiliza a questão por meio da leitura ou projeção via equipamento multimídia.

4. Cada membro, indicado pelo professor, deverá escrever na papeleta a resposta das questões, mas elas podem ser debatidas pelos membros, conforme o tempo proposto (30 segundos a 1 minuto, ou conforme o grau de dificuldade).

5. O professor vai anotando no quadro as afirmativas, sem anunciar as respostas. Somente ao término da atividade é que se faz a correção.

6. A correção é a parte mais importante da atividade, pois permite que o professor verifique a compreensão dos alunos sobre o assunto estudado e ainda faça inferências, caso necessário.

7. Para cada acerto, o professor marca um X, e, ao término, somam-se os pontos correspondentes (Quadro 2). Ganha o grupo que tiver o maior número de pontos.

O sucesso da atividade está na qualidade da formulação das questões.

Quadro 2 Quadro completo da corrida intelectual gamificada

EQUIPES	300	300	300	100	500	500	500	1.000	1.000	1.000
Aristóteles	x		x		x		x			x
Platão										
Sócrates		x		x		x				
Rousseau										x
Kant	x				x				x	
Marx	x						x			
Nietzsche		x							x	

ESTRATÉGIA 13:

Debate dois, quatro e todos

Uma prática comum nas aulas é o uso de debates com o intuito de ampliar a visão dos estudantes e ainda favorecer a capacidade de argumentação. No entanto, há de se levar em conta que, em situações de debates, nem todos os alunos participam – os que participam têm a oportunidade de esclarecer e aprofundar os conhecimentos por meio da exposição verbal na aula. Contudo, a maneira de garantir que o grupo todo se envolva no processo de aprendizado ativo é convocar aos colegas a tarefa simultânea por meio da fórmula "compartilhar, escutar e criar".

Nesse sentido, a atividade **debate dois, quatro e todos** é simples e possibilita que o estudante reflita sobre o conteúdo e debata e compartilhe suas ideias.

Essa atividade permite aos alunos participarem na troca e confrontação das ideias. Se eles pensam de maneira ativa quanto ao conteúdo apresentado, podem construir seus conhecimentos e tomar em conta o aprendido ou o que ainda não entendem.

Os alunos se sentem mais confortáveis compartilhando suas ideias com o grupo quando já conseguem discutir com os colegas. Se a resposta é errada, o sentimento de erro está compartilhado, o que facilita a apropriação do conhecimento e ainda a forma como lidam com os erros.

Essa estratégia é muito interessante, pois gera a retroalimentação oportuna no nível de compreensão da aula, possibilitando que as respostas sejam mais elaboradas e mais precisas porque tiveram tempo para pensar e estimulando o desenvolvimento das habilidades de comunicação e o pensamento crítico.

Além disso, essa estratégia é muito versátil, pois pode ser aplicada com grupos numerosos (300 ou mais alunos), e, por meio de uma esfera colaborativa, os alunos podem se ajudar e aprender uns com os outros.

COMPETÊNCIAS

- Capacidade argumentativa.
- Trabalho em equipe.
- Ampliação do ponto de vista.
- Visão crítica.

SEQUÊNCIA DIDÁTICA

1. O professor expõe o material selecionado, ou seja, o conteúdo ou texto selecionado, em, no máximo, 15 a 30 minutos, com o objetivo de situar os estudantes no contexto da aula.

2. Logo depois, o professor expõe as questões que devem ser debatidas e sugere aos alunos para fazerem a tarefa em 2 minutos, sozinhos. Isso é importante porque permite ao aluno a formulação da resposta desenvolvida pela busca da informação em sua memória de longo prazo. Nessa primeira etapa, o professor deve expor os seguintes critérios para resolução da atividade:
   a. Formular uma resposta à questão.
   b. Compartilhar a resposta com o colega da equipe.
   c. Escutar com atenção a resposta do colega da equipe.

3. Depois, solicita-se aos alunos que se agrupem em pares, e, em 4 minutos, respondam às questões (em grupo) e executem a tarefa, melhorando suas respostas. Nessa etapa, o professor apresenta os novos critérios para a construção da resposta dos estudantes:
   a. Formular uma resposta à questão.
   b. Compartilhar a resposta com o colega da equipe.
   c. Escutar com atenção a resposta do colega da equipe.
   d. Criar uma nova resposta, mais complexa, considerando as respostas de todos os colegas da equipe por meio do processo de associação, confrontação e síntese.

4. O professor pede às equipes para compartilharem suas ideias e respostas com o grupo todo.

Nesta estratégia, o professor pode solicitar que um membro do grupo exponha ou entregue uma folha de repostas em um papel e a exponha, em forma de mural.

O mural com as respostas, além da exposição verbal, possibilita que os demais estudantes, além de escutarem, possam também visualizar todas as respostas, aumentando sua capacidade de apropriação e de argumentação.

Em temas mais polêmicos, o professor pode solicitar uma segunda aplicação da atividade, mas com o objetivo de "responder" à resposta dos demais grupos, favorecendo o debate.

Ao solicitar que os estudantes respondam à questão do professor, é preciso esclarecer alguns critérios:

   a. O resumo da resposta à questão.
   b. A resolução do problema.
   c. Os elementos da teoria, dos conceitos ou da informação apresentada.
   d. O desenvolvimento do material apresentado (reunião do material e o conhecimento prévio para a inscrição no marco já existente).

Na segunda fase, caso seja interessante, o professor deve solicitar que os estudantes proponham possíveis soluções à primeira questão (resposta) dos outros grupos.

ESTRATÉGIA 14:

Debate inteligente

Debater é uma atitude fundamental no processo de escolarização. No entanto, é preciso ensinar os alunos a fazerem isso de forma adequada, caso contrário, pode-se tornar um momento apenas de apresentação de "achismos" infundados.

Para participar de um debate, os estudantes devem ter o preparo dos argumentos, de maneira lógica e racional, na defesa do posicionamento. Também devem estar abertos aos diversos pontos de vista e, por isso, a estratégia **debate inteligente** visa garantir a qualidade na defesa e na construção das argumentações dos estudantes.

O debate inteligente ajuda os estudantes a discutirem suas ideias, levarem em conta as pesquisas quanto ao tema, organizarem a informação e proporem seus próprios posicionamentos.

COMPETÊNCIAS

- Ser capaz de construir argumentos racionais na defesa do posicionamento.
- Ser capaz de ter outro ponto de vista quanto a um tema.
- Poder desenvolver a capacidade da tomada de decisões de qualidade.

SEQUÊNCIA DIDÁTICA

1. Inicialmente, o professor escolhe o tema, o qual pode ter distintos pontos de vista (por exemplo, o uso da energia nuclear pelo país, a legalização do aborto, a liberação da maconha, etc.)
2. Os estudantes formam as equipes com quatro alunos, mas devem trabalhar em dupla. O trabalho das duplas está em defender seu posicionamento. Nesta etapa, o professor deve permitir um tempo para a consulta de fontes significativas, que podem ser escolhidas pelo professor ou ser previamente trazidas pelos estudantes.

3. Cada dupla fará o preparo de sua breve apresentação (10 a 15 minutos). Assim, cada dupla expõe seu posicionamento a outra equipe. Nas apresentações, o restante dos alunos só escutará, sem expor qualquer opinião.
4. Ao término das apresentações, os estudantes poderão se manifestar e propor outros argumentos, para garantir seu posicionamento.

Ao mediar essa atividade, o professor deve deixar expostas as seguintes regras:

a. Seja respeitoso com os outros, mesmo que esteja em desacordo com seu posicionamento ou ideias.
b. Não critique a pessoa, mas o argumento.
c. Não receba as críticas como ataque pessoal.
d. Escute aos demais, ainda que não concorde com eles.
e. Mude a opinião quando os fatos são inequívocos.
f. Tente entender ambos os lados.
g. Tente entender as diferenças dos pontos de vista antes do consenso.

Ao término, os estudantes deixam as discussões dos grupos e as abrem ao grande grupo, procurando o consenso quanto ao tema em pauta, a fim de dar resposta à questão original com a mediação do professor.

RECOMENDAÇÕES

O professor pode propor um único tema ou diversos temas, caso ache mais interessante.

É importante destacar que o professor deve fomentar no aluno a busca pelo melhor resultado, ou seja, mais fundamentação e argumentação ao defender as ideias, e não o ganho do debate por meio do consenso.

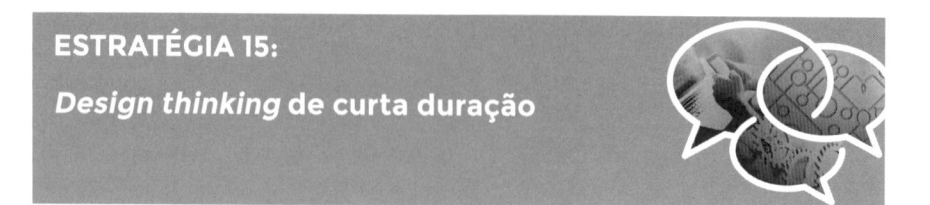

ESTRATÉGIA 15:
Design thinking de curta duração

O *design thinking* constitui uma estratégia criativa e prática, centrada no trabalho colaborativo. Desenvolvida a partir da colaboração, parte do entendimento das necessidades de outros, por meio da geração rápida de ideias, para a criação de soluções inovadoras.

Adotado por profissionais e organizações, principalmente no mundo dos negócios, tem influenciado outras áreas na atualidade como uma forma de encontrar, abordar e solucionar problemas.

Como estratégia pedagógica, possibilita colocar os alunos no centro da atividade, envolvendo a criatividade, para a geração de soluções, e a razão, para analisar e adaptar as soluções para contextos determinados, gerando resultados mais desejáveis e tecnicamente possíveis de serem transformados em realidade. Essa estratégia procura proporcionar que o aluno vivencie todas as etapas do *design thinking* em um curto período.

COMPETÊNCIAS

- Trabalho em equipe.
- Comunicação.
- Liderança.
- Desenvolvimento de ideias, reflexão e tomada de decisão.

SEQUÊNCIA DIDÁTICA

1. O professor deve distribuir aos alunos canetas e lápis de diversas cores. Recomenda-se o uso de projetor multimídia com som para o cronômetro, que deve ficar exposto a todos na sala de aula.
2. O professor deve fazer uma breve exposição acerca do *design thinking*. Duração: 5-8 minutos.
3. O professor deve solicitar aos alunos a formação de equipes. O número de equipes deve ser par. O número mínimo de alunos deve ser três e o máximo, cinco. Cada equipe deve indicar um líder e um escriba.
4. O professor deve solicitar ou distribuir aos alunos a experiência (missão) que a equipe vai procurar redesenhar, registrando-a no formulário (Fig. 9). A proposta aqui é criar empatia entre os grupos. Cada grupo deve entrevistar outro, como forma de fazer a sondagem empática. Por exemplo, o grupo A entrevista o grupo B, a equipe C entrevista a equipe D, e assim sucessivamente. Duração: 6 minutos. O escriba deve anotar todas as informações relatadas na entrevista. Foi inserida a competência de liderança, pois cada equipe deve eleger um líder, ou seja, a cabeça do grupo, que será responsável por conduzir (espírito de chefia) a equipe e responder por ela durante toda a atividade, representando-a. Nesse caso, o professor, ao remeter à equipe, remeterá inicialmente ao líder, que deverá responder em nome de todos.
5. Neste ponto, os alunos devem inverter a ordem de entrevistas. Agora, o grupo B entrevista o grupo A, a equipe D entrevista a equipe C, e assim sucessivamente. Duração: 6 minutos.

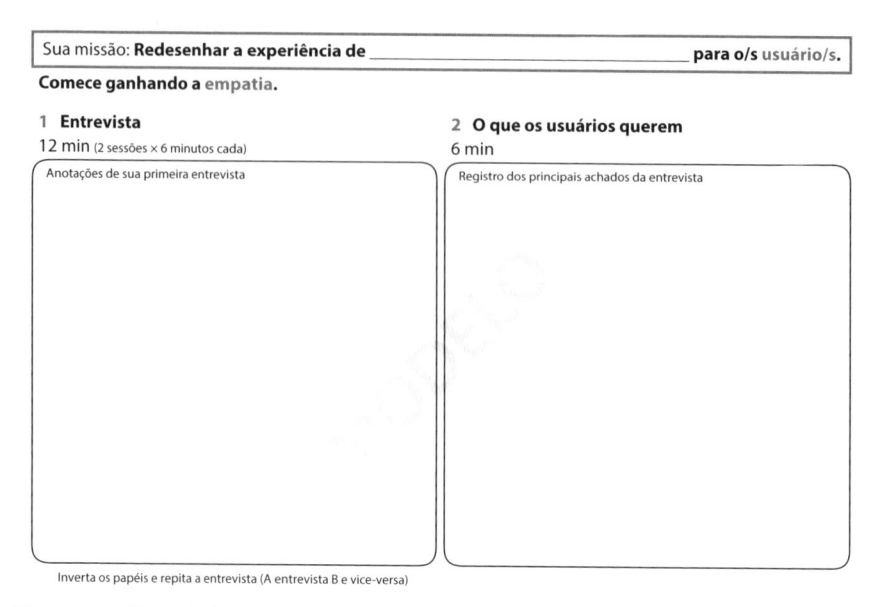

Figura 9 Folha 1 do formulário do *design thinking* de curta duração.
Fonte: Stanford d.school.

6. Neste momento, elabora-se acerca do que os usuários querem. Registro e anotação dos achados obtidos na entrevista. Duração: 6 minutos.

7. Os grupos devem listar as principais necessidades apontadas. Duração: 6 minutos.

8. Os grupos devem definir o problema. Deve-se descrever o usuário, a necessidade a ser atendida (do que ele precisa) e, por fim, deve-se definir o problema (Fig. 10).

9. Os grupos devem criar quatro alternativas inovadoras para serem testadas (Fig. 11). Duração: 10 minutos.

10. Cada líder do grupo ou equipe deve compartilhar as soluções e fazer anotações do *feedback* pertinente para as possíveis melhorias na solução/produto (Fig. 12). Duração: 1 minuto e 20 segundos por apresentação. A apresentação pode ser a venda do produto ou da solução, ou ainda, a narração de uma história.

11. Assim, a equipe A compartilha com a C, a equipe B compartilha com a D, e assim sucessivamente. Duração: 1 minuto e 20 segundos por apresentação. A apresentação pode ser a venda do produto ou da solução, ou ainda, a narração de uma história.

12. Neste ponto, deve-se novamente inverter a ordem. Agora a equipe C compartilha com a A; a equipe D compartilha com o grupo B, e assim sucessivamente. Duração: 1 minuto e 20 segundos por apresentação. A apresentação

Redefina **o problema.**

3 **Liste os resultados** 6 min

Necessidades: liste o que os usuários querem ou precisam*

* use verbos

4 **Defina o problema** 3 min

usuário/descrição

precisa de
necessidade/oportunidade do usuário

Seu problema é...

Problema (curto, específico e atrativo)

Figura 10 Folha 2 do formulário do *design thinking* de curta duração.
Fonte: Stanford d.school.

Ideação: **crie alternativas para testar.**

5 **Desenhe 4 maneiras inovadoras que atendam às necessidades dos usuários** 10 min

escreva sobre o problema encontrado/definido

Figura 11 Folha 3 do formulário do *design thinking* de curta duração.
Fonte: Stanford d.school.

6 **Compartilhe suas soluções & escute o feedback** (Sessões de 1 min e 20 s para cada grupo compartilhar)

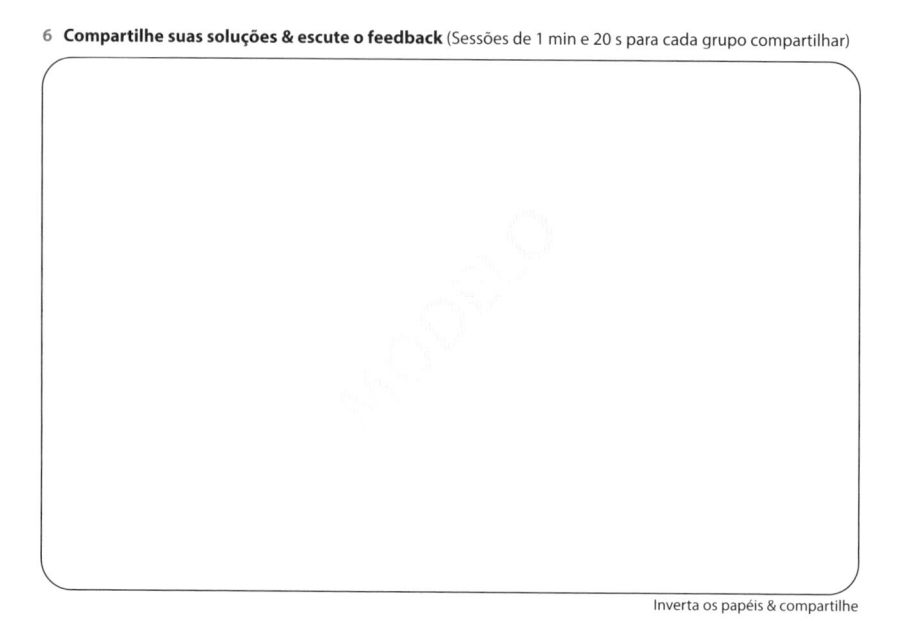

Inverta os papéis & compartilhe

Figura 12 Folha 4 do formulário do *design thinking* de curta duração.
Fonte: Stanford d.school.

pode ser a venda do produto ou da solução, ou ainda, a narração de uma história.

13. Os membros dos grupos voltam-se para fazer as anotações para dar o *feedback* por escrito para a outra equipe (Fig. 13). Devem relatar o que acreditam que funciona no protótipo apresentado e o que poderia ser melhorado e sugerir ideias e questionamentos para melhorias. Por fim, se acharem pertinente, podem apontar outras sugestões. Duração: 5 minutos.

14. Neste momento, faz-se o encerramento da estratégia. O professor deve explicar/relatar as etapas do *design thinking*, realizadas em um curto período. A atividade foi iniciada com o processo de empatia (entrevista), em seguida, foram feitas a definição do problema e sua ideação. Posteriormente, construiu-se o protótipo e, por fim, foram realizados o teste e a validação com a matriz de *feedback*.

15. O professor deve levar em conta algumas considerações: a aplicação dessa estratégia leva o aluno a vivenciar todo o processo de divergência e convergência presente no diagrama do diamante duplo.

O diamante duplo é composto por quatro etapas: descobrir, definir, desenvolver e entregar.

Teste sua solução.

8 **Compartilhe sua solução e obtenha** feedback.

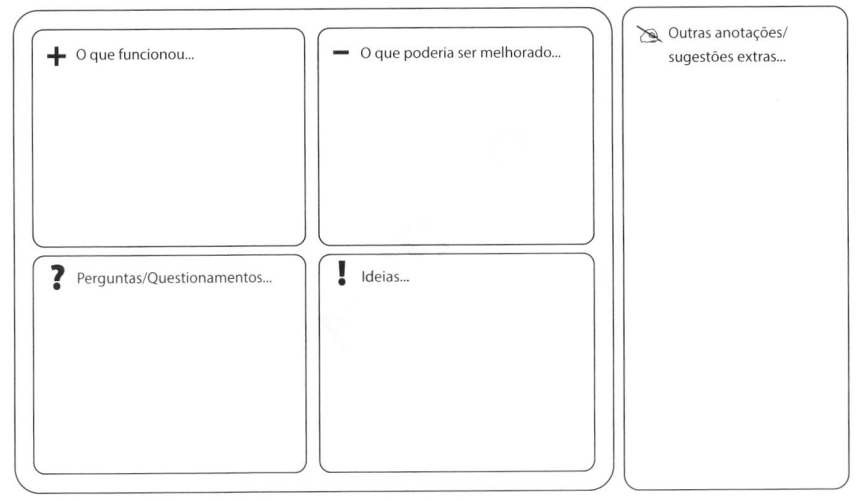

6 min e 20 s, 1 sessão de 1 min e 20 s para cada grupo expor a solução e 1 sessão de 5 min para preencher a matriz de validação (feedback)

Figura 13 Folha 5 do formulário *design thinking* de curta duração.
Fonte: Stanford d.school.

Assim, o *design thinking* de curta duração possibilitou vivenciar as etapas presentes no diamante duplo. Na primeira etapa – descobrir –, foram realizadas entrevistas a partir de uma ideia identificada com base nas necessidades do usuário (sondagem, empatia, entrevista). Na etapa seguinte – definir –, objetivou-se interpretar as necessidades dos usuários, criando um conjunto de requisitos (*brief*) para as próximas fases (listagem dos resultados, definição do problema) (DESIGN COUNCIL, 2007).

Na terceira etapa – desenvolver –, as soluções foram previamente elaboradas e testadas (compartilhamento e *feedback*). Na última etapa – entregar –, o produto ou serviço resultante é finalizado e deve ir para o mercado.

ESTRATÉGIA 16:

Diagrama dos cinco porquês

A estratégia do diagrama dos cinco porquês permite aos alunos a reunião de informações, assim como a exploração de questões com maior profundidade, dividindo-

-as em subtemas ou questionamentos/problemas menores. Possibilita, também, a compreensão de problemas mais complexos a partir de sua decomposição, levando ao planejamento de ações e de metas mais adequadas.

Inicia-se com o estabelecimento do problema e a pergunta sobre por que ou como o problema ocorreu (SLACK; CHAMBERS; JOHNSTON, 2009). Uma vez encontradas as causas daquele problema, cada uma delas é novamente questionada, acerca de como ou por que elas ocorreram, e assim sucessivamente.

Essa atividade pode ser realizada com *post-its*.

COMPETÊNCIAS

- Trabalho em equipe.
- Desenvolvimento de ideias, reflexão e tomada de decisão.

SEQUÊNCIA DIDÁTICA

1. Atividade pode ser realizada individualmente ou em grupos.
2. Em uma folha de *flip-chart*, ou no quadro, coloque a questão, pergunta ou problema no centro, à esquerda.
3. A questão deve ser colocada usando "como" ou "por que".
4. Os alunos devem usar perguntas com as palavras "como" ou "por que" para aprofundar ou explorar novas ideias ou possibilidades de solução. As perguntas devem ser realizadas até que as ideias saturem ou sejam exploradas plenamente (Fig. 14).
5. O professor pode pedir para que, a cada rodada, os alunos deem *feedback*.
6. Ao final, o professor pode promover uma discussão ou debate acerca da atividade trabalhada em sala de aula e os resultados alcançados.

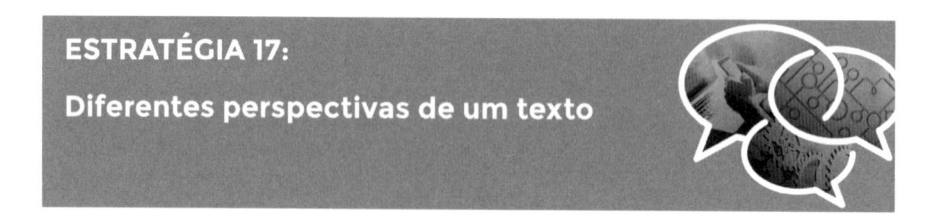

ESTRATÉGIA 17:

Diferentes perspectivas de um texto

A estratégia **diferentes perspectivas de um texto** proporciona aos alunos o enriquecimento de sua visão pessoal, complementando-a com o olhar de outros alunos.

Essa técnica permite aos alunos compreenderem o texto por meio de várias visões ou perspectivas diferentes. Duas, três ou quatro pessoas podem ler o mesmo texto e sair com diferentes interpretações ou entendimento. Porém, todas as com-

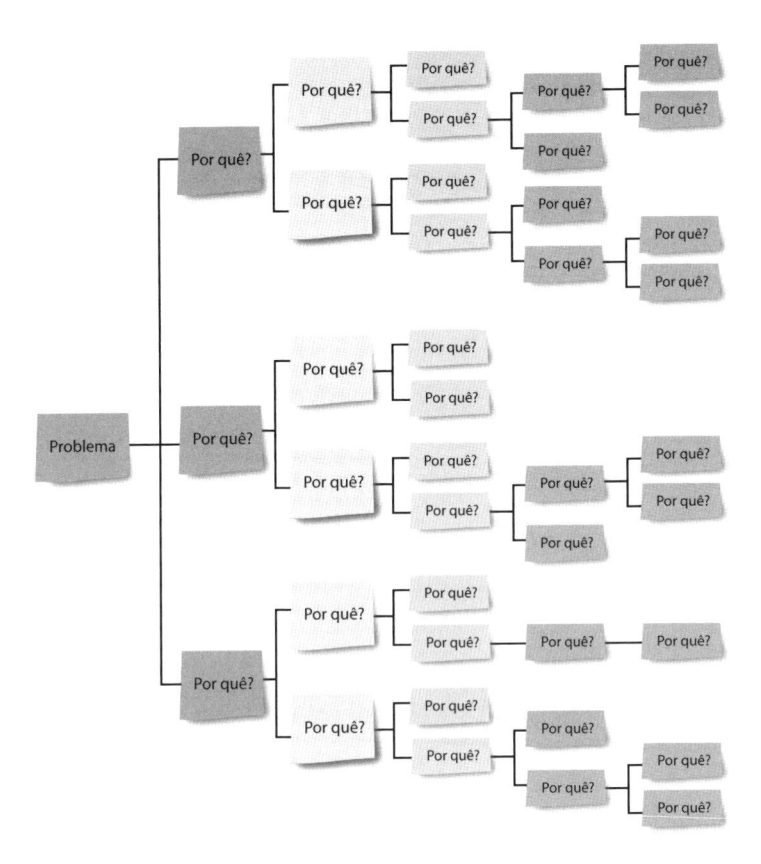

Figura 14 Diagrama dos cinco porquês, com *post-its*.

preensões são válidas, pois traduzem o significado do texto. Trata-se de uma atividade colaborativa.

Esta estratégia pode ser realizada com uso de blocos adesivos tipo *post-its*.

COMPETÊNCIAS

- Leitura compreensiva do texto.
- Estabelecimento de posicionamento pessoal referente ao texto ou autor.
- Análise textual.
- Síntese.
- Cooperação e colaboração.

SEQUÊNCIA DIDÁTICA

1. O professor solicita a leitura do texto e a realização prévia da unidade de aprendizagem aos alunos.
2. Os alunos devem fazer uma segunda leitura, para aprofundar e selecionar as ideias ou conceitos que julgam mais importantes.
3. O professor pede aos alunos para apresentarem as diferentes perspectivas, ideias ou conceitos selecionados, no esquema (Fig. 15). O professor recolhe as perspectivas dos alunos.
4. O professor divide a classe em grupos de três ou quatro alunos e distribui para cada equipe uma perspectiva diferente daquelas preenchidas e recolhidas no item 3.
5. O professor pede aos alunos para identificar os problemas, sentimentos, efeitos ou preocupações em torno dessa perspectiva particular.
6. Os grupos devem reler o material para identificar informações específicas que seriam de interesse para sua perspectiva elaborada anteriormente.
7. O professor pede aos alunos para escreverem essa informação sobre o esquema, comentando sua escolha. Por que aquela perspectiva foi de seu interesse também?
8. Ao final, o professor encerra a atividade promovendo uma discussão/debate, ressaltando a importância de olhar o texto por meio de vários pontos de vista, ou seja, de adquirir conhecimento por meio de diferentes perspectivas.

ESTRATÉGIA 18:

Disputa argumentativa com *flashcards*

A estratégia **disputa argumentativa com *flashcards*** consiste na realização de um debate argumentativo, em formato de auditório, em que a plateia, constituída pelos alunos, decide ou opta pela solução do problema ou pelo produto.

Essa estratégia pode ser usada após o *brainstorm*, o *brainwriting* ou a ATF/I.

Diferentes perspectivas sobre (título do texto): _____

Principais ideias/conceitos do texto | Meu ponto de vista (eu acredito que...)

Síntese: nosso ponto de vista sobre o texto é:

Figura 15 Folha a ser entregue aos alunos para a realização da atividade diferentes perspectivas de um texto.

COMPETÊNCIAS

- Argumentação oral.
- Trabalho em equipe.
- Resolução de problemas.
- Tomada de decisão.

SEQUÊNCIA DIDÁTICA

1. Após realização de atividade precedente (*brainstorm*; *brainwriting*; ATF/I), o professor deve solicitar para o líder da equipe que vá até o palco representá-la no debate ou disputa.
2. O debate deve ser disputado entre grupos que possuem o mesmo tema. Se quatro grupos possuem o mesmo tema, os quatro deverão participar da disputa argumentativa.
3. É possível distribuir temas diferentes, por exemplo, para duplas de grupos e estes participarem da disputa entre eles.
4. Na disputa, o aluno A deve ir ao palco e apresentar, em 2 minutos, o argumento a favor de sua solução, conceito ou produto. Após sua primeira apresentação, o aluno B argumenta contrariamente ao A (réplica, 2 minutos).
5. Em seguida, trocam-se os papéis. O aluno B apresenta (2 minutos) e o aluno A contra-argumenta (réplica, 2 minutos).
6. Após o debate, o professor solicita para que os alunos da plateia escolham a melhor decisão (melhor produto, ideia ou conceito), levantando os *flashcards* (placas com cartões) indicando a solução A ou B. Vence a disputa o grupo que convencer a maioria dos alunos na plateia.
7. Ao final, o professor pode promover uma discussão ou debate acerca da atividade trabalhada em sala de aula e os resultados alcançados.

ESTRATÉGIA 19:

Ensino híbrido

A sala de aula precisa adaptar-se às rotinas ligadas às tecnologias, sobretudo de informação e comunicação. Estas tratam especificamente de um conjunto de recursos tecnológicos, utilizados de forma integrada, com um objetivo comum, como os *softwares* que garantem a operacionalização da comunicação e dos processos decorrentes de meios virtuais de aprendizagem.

Nesse contexto, preconiza-se o trabalho pedagógico por meio do **ensino híbrido**, o qual, de acordo com Horn e Staker (2015, p. 34), "[...] é qualquer programa educacional formal no qual um estudante aprende, pelo menos em parte, por meio do ensino *on-line*, com algum elemento de controle do estudante sobre o tempo, o lugar, o caminho e – ou o ritmo".

Por meio desses programas, os alunos e professores têm a possibilidade de se relacionarem, trocando informações e experiências, realizam trabalhos individuais e em grupos, promovem debates e fóruns, entre outras formas de tornar a aprendizagem mais significativa.

De acordo com Horn e Staker (2015), há várias maneiras de aplicar o ensino híbrido nas instituições de ensino, por meio, por exemplo, das estratégias:

a. rotação por estação;
b. laboratório rotacional;
c. sala de aula invertida.

Já os modelos mais disruptivos indicados por Horn e Staker (2015) são (Fig. 16):

a. modelo Flex;
b. à la carte;
c. modelo virtual enriquecido.

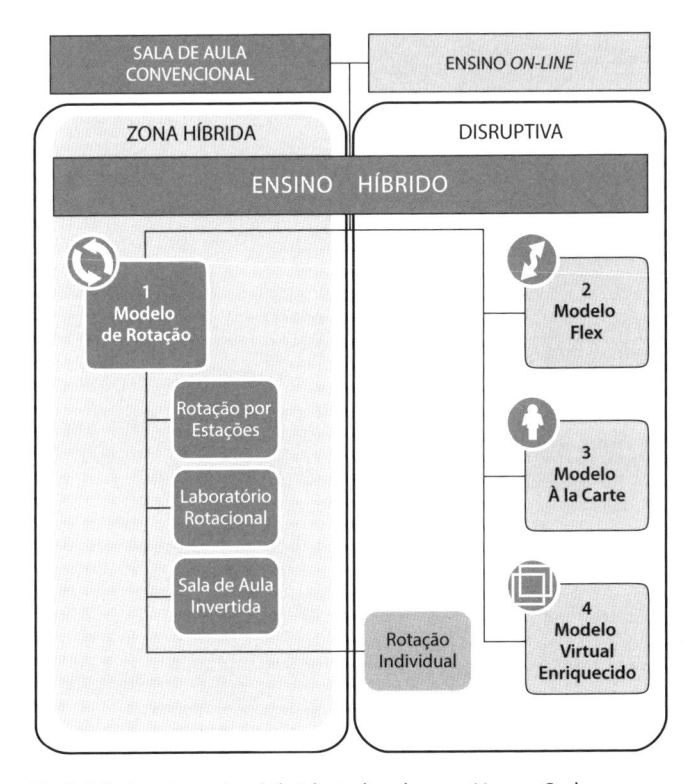

Figura 16 Modalidades de ensino híbrido indicadas por Horn e Staker.
Fonte: Horn e Staker (2015).

Para o trabalho pedagógico por meio do ensino híbrido, os professores podem contar com vários tipos de programas (como os citados em capítulos anteriores) que compõem um cenário tecnológico no ambiente educativo, como os de realidades mistas (realidade aumentada e visualidade aumentada), realidade virtual, tecnologias *mobile*, plataformas digitais de busca, plataformas adaptativas, *games* e entretenimento, tecnologias inteligentes de voz, vídeos digitais e *Qrcodes*.

No Brasil, a obra *Ensino híbrido: personalização e tecnologia na educação*, organizada por Bacich, Tanzi Neto e Trevisani (2016), apresenta várias sequências didáticas voltadas para a educação básica que podem ser adaptadas e aplicadas em contextos educacionais diversos.

Diante de várias opções, selecionamos a estratégia **rotação por estações**, pois é muito significativa e possibilita o aprendizado em grupo, gerando o engajamento e o foco na resolução das atividades planejadas pelo professor por meio do ensino híbrido.

COMPETÊNCIAS

- Apropriação da cultura digital.
- Trabalho em equipe.
- Resolução de problemas.

SEQUÊNCIA DIDÁTICA

1. Os estudantes são organizados em grupos, cada um dos quais realiza uma série de tarefas, de acordo com os objetivos do professor para a aula em questão.
2. Cada estação deverá ser previamente organizada pelo professor, nas quais deve deixar, por escrito, os objetivos e as tarefas que devem ser realizadas pelo grupo ao passar pela estação. Como se trata de um modelo de ensino híbrido, pelo menos uma das estações deve ser de trabalho *on-line*, com alguma ferramenta com conexão à internet.
3. Após um determinado tempo pré-estabelecido, os alunos devem trocar as estações, passando por todas elas até o final da aula (Fig. 17).

RECOMENDAÇÕES

No trabalho com as estações, as tarefas e os objetivos devem estar bem claros e com a descrição de como a execução da atividade precisa ser realizada.

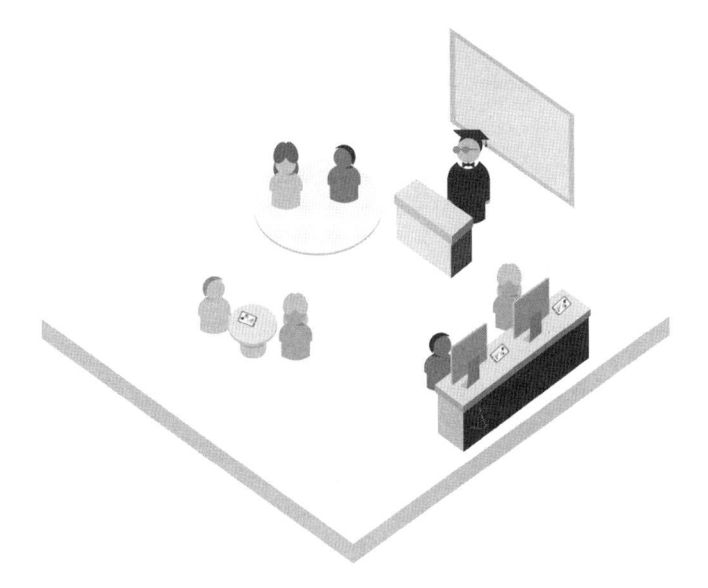

Figura 17 Estações da estratégia ensino híbrido.

É importante planejar as estações de forma independente, pois, se os alunos começarem por uma estação que depende de outra estação prévia, eles não conseguirão alcançar o objetivo estabelecido.

O professor pode formular quantas estações desejar: o que importa é que o tempo total de cada estação deve ser suficiente para que os alunos realizem as atividades propostas e alcancem o objetivo da aula.

No trabalho com as estações, as tarefas e os objetivos devem estar bem claros e com a descrição de como a execução da atividade precisa ser realizada.

A ideia é que os conteúdos *on-line* **e o** *off-line* **se conectem e se complementem**, proporcionando diferentes formas de ensinar e aprender um determinado conceito.

Os dois momentos devem buscar um objetivo central em comum, sendo que cada pequena parte desses dois momentos terão características próprias, de modo que se complementem e ofereçam diferentes formas de aprender e ensinar algo.

O ponto forte dessa atividade é a valorização das relações entre professor e alunos e entre alunos e alunos. Durante todos os momentos, o professor e os alunos estarão conectados a um objetivo central, que é o objetivo de aprendizagem da aula.

ESTRATÉGIA 20:

Estudo de caso

O estudo de caso é uma estratégia bastante disseminada no mundo acadêmico, devido à amplitude de suas possibilidades pedagógicas. Trabalhar com casos proporciona situações de aprendizagem muito significativas, devido à característica investigativa que possui, permitindo a resolução de problemas reais do campo profissional e da vida pessoal.

O estudo de caso é um instrumento pedagógico que pode ser utilizado, principalmente, em duas circunstâncias: 1) no envolvimento de problemas reais; e 2) em situações de cunho reflexivo.

O caso pode ter caráter real ou fictício. Essa estratégia destaca-se pela capacidade de suscitar questões para debate e de ter elementos que permitam a tomada de posição e a definição de soluções diferenciadas. Um bom caso não apresenta uma única resposta, mas possíveis soluções para o mesmo problema.

É importante considerar que os casos reais necessitam de mais cuidado, sobretudo na atribuição de declarações. Já os casos fictícios permitem maior liberdade ao autor. Isso não significa que se possam abordar situações inexistentes. Ao contrário, o caso fictício deve, de fato, expressar situações já vividas pelos profissionais no exercício de suas funções.

O caso deve ser tão breve quanto possível. Um bom caso deve fornecer informações suficientes para que os alunos possam analisar, de maneira eficaz e eficiente, os fatos relevantes. Além disso, o caso não deve produzir qualquer diagnóstico ou prognóstico, ou, como já mencionado, não há resposta certa ou solução única. O mais interessante são as possibilidades apresentadas pelos acadêmicos, desde que sejam exequíveis e pautadas no conteúdo teórico apresentado pelo professor.

O objetivo dessa estratégia é colocar os estudantes a se confrontarem com realidades concretas que propiciem algum tipo de desafio e que permitam a proposta de soluções ou a expressão de argumentos fundamentados.

COMPETÊNCIAS

- Vivência e superação de conflitos profissionais e éticos.
- Capacidade de solucionar problemas.
- Visão sistêmica e integradora do assunto abordado.
- Desenvolvimento da capacidade crítico-argumentativa.

SEQUÊNCIA DIDÁTICA

1. O professor expõe algum texto (capítulo de livro ou artigo científico) ou unidade de aprendizagem acerca do conteúdo necessário para fundamentar o trabalho e seleciona ou elabora um caso que amplie as experiências dos alunos.

2. O professor entrega o caso e determina um tempo adequado para a leitura – se achar conveniente, solicita uma rápida discussão em pequenos grupos após a leitura.

3. Para realizar uma boa exploração do caso e garantir que os alunos não fiquem apenas nas ideias do senso comum, o professor expõe algumas indagações ou apontamentos sobre o caso – este processo chama-se planificação.

4. Na planificação, o professor pode expor indagações do tipo: Que tipo de articulações existe entre os diferentes ângulos do caso? Quais aspectos teóricos contam no caso? Como o profissional x deveria proceder? Quais resoluções estão ancoradas o posicionamento do profissional x? Quais recursos são necessários para o profissional x realizar determinada atividade?

5. O estudo do caso avança na medida em que novos elementos vão surgindo. É importante que o professor retome o caso original, toda vez que for necessário, articulando o texto base e as questões da planificação.

6. Ao término do estudo e do debate, o professor solicita que cada grupo apresente sua solução encontrada, fundamentada no texto base. O professor deve lembrar que cabe a ele mediar se a solução encontrada pelo grupo é exequível ou se está dentro do contexto do texto base, mas, como já afirmado anteriormente, um bom caso permite várias soluções, abordagens e argumentos. Chegar a diferentes soluções ou reflexões é o que torna a estratégia mais rica.

ESTRATÉGIA 21:

Geek

A estratégia *geek* é uma excelente alternativa para trabalhar com assuntos que necessitam de resoluções de muitos exercícios, independentemente do conteúdo ou da disciplina.

Deve ser realizada em grupo e de maneira colaborativa, permitindo, assim, que uns aprendam com os outros, praticando as atividades, discutindo e chegando ao resultado final. A regra principal é que os alunos resolvam cada questão juntos, evitando, dessa forma, que os alunos dividam as tarefas ou que cada um faça o que sabe antes do outro.

Essa atividade também pode ser utilizada como avaliação diagnóstica, ou mesmo com o objetivo de atribuição de notas.

COMPETÊNCIAS

- Troca de informações.
- Associação e desenvolvimento de ideias.
- Trabalho em equipe.
- Reflexão e tomada de decisão.

SEQUÊNCIA DIDÁTICA

1. O professor deverá formar equipes com o mínimo de três e o máximo de cinco alunos, mas com número igual de participantes.
2. O professor deverá distribuir, para cada grupo, uma folha com vários exercícios, que podem ser de múltipla escolha ou questões abertas. Poderá, inclusive, propor a produção de um texto coletivo e o gabarito ou folha de respostas.
3. Ao sinal do professor, todas as equipes deverão iniciar a resolução dos exercícios ou atividades. Para a gestão do tempo, o professor poderá utilizar um cronômetro *on-line*, como, por exemplo, o www.online-stopwatch.com.
4. Após um período pré-determinado, o professor deverá entregar o gabarito correto ou o padrão de resposta, para que sejam feitas as devidas correções em grupo.
5. Sairá vencedor o grupo ou os grupos que apresentarem o maior número de acertos.
6. Ao término da atividade, o professor deverá corrigir coletivamente, proporcionando com que todos os alunos tenham as respostas corretas.

ESTRATÉGIA 22:

Giro colaborativo

Esta é uma estratégia para a coleta de ideias capaz de gerar uma lista concisa de ideias e respostas dos alunos sobre um tema específico. Os alunos devem trabalhar em pequenos grupos para transmitir ideias ou para fazer sugestões no que diz respeito ao tema em questão.

Esta atividade também oportuniza aos alunos a avaliação, de forma colaborativa, das ideias de outros grupos. Tal avaliação pode servir como uma possível base para formar suas próprias respostas às perguntas.

O **giro colaborativo** possibilita também que os alunos vejam a opinião – a sua e dos outros –, por meio de *post-its*, e recolham as informações que julguem mais pertinentes para a atividade.

COMPETÊNCIAS

- Trabalho em equipe.
- Reflexão (pensamento) e tomada de decisão.

CONSIDERAÇÕES ACERCA DO LEIAUTE DA SALA DE AULA

Os alunos terão de movimentar-se entre os grupos, ou seja, rodar de grupos em grupos, passando por diferentes mesas em uma sala. Como alternativa, os alunos podem permanecer sentados e passar a folha de *flip-chart*, para que o grupo ao lado dê seu *feedback*.

SEQUÊNCIA DIDÁTICA

1. Os alunos devem formar grupos de no mínimo três e no máximo cinco pessoas.
2. Cada grupo deve receber uma folha de *flip-chart* ou folha de papel de tamanho A3.
3. Os grupos devem explicitar a pergunta, tópico, ou problema a ser trabalhado. Todos os grupos podem trabalhar com o mesmo problema, ou ainda, um grande problema pode ser decomposto em vários subproblemas, distribuídos para cada grupo. Neste caso, cada equipe fica com uma pergunta/problema diferente e complementar.
4. Os alunos devem trabalhar em seus grupos dentro de um limite de tempo determinado pelo professor, para escrever suas respostas, pensamentos e ideias, que se originam a partir da pergunta inicial, por meio de *post-its*. Duração sugerida: 5 minutos.
5. Cada grupo pode usar uma cor diferente de caneta ou *post-its*, para, depois, permitir a fácil identificação de categorias de respostas.
6. Após o tempo, os alunos devem deslocar-se para o outro grupo e ver suas respostas. Devem ler as respostas do grupo anterior e discutir se eles

concordam ou discordam. Se eles concordarem, escrevem *ok* ao lado. Se não concordam, devem justificar sua resposta.

7. Em seguida, os alunos voltam ao seu local original e escrevem suas próprias ideias sobre o assunto. Se têm novas ideias, obtidas a partir das respostas escritas dos grupos anteriores, eles devem voltar a sua folha de *flip-chart* (ou A3) e colocá-las ao lado, ligando-as com uma seta.

8. O giro colaborativo deve continuar até que cada grupo veja e analise todos os grupos, complementando sua folha de resposta.

9. Posteriormente, ao final, o professor retorna e promove uma discussão/ debate com todos os alunos. Pode usar o espaço para verificar a aprendizagem, questionando: o que você aprendeu hoje? Qual foi a coisa mais surpreendente/chocante/interessante/útil para você? O que você poderia ter feito de forma diferente?

ESTRATÉGIA 23:
Intercâmbio com o autor

No intercâmbio com o autor, procuram-se estabelecer diálogos entre o autor e o leitor de um texto, de modo que a compreensão da leitura realizada pelo aluno se expanda. A leitura é, em muitos aspectos, uma conversa com outra pessoa, ou ainda, entre o autor e o leitor. Um texto pode informar, esclarecer ou até mesmo influenciar.

Nesta estratégia, os alunos são desafiados a discutir com o autor ou a discordar dele. Portanto, estabelece-se intercâmbio entre o autor e o leitor (aluno) e, por meio do registro do que se entende, possibilita-se aos alunos a reunião de pensamentos e ideias acerca do texto, e também que ele chegue a suas próprias conclusões ou considerações sobre o texto ou assunto tratado pelo autor.

Esta atividade pode ser realizada em grupo e dessa forma, pode ser combinada com a estratégia quebra-cabeça.

COMPETÊNCIAS

*   Leitura compreensiva do texto.
*   Reflexão.
*   Síntese.

SEQUÊNCIA DIDÁTICA

1. O professor deve distribuir o texto para os alunos e, após, solicitar a primeira leitura.
2. O professor deve apresentar o texto e o quadro (modelo) e pedir para os alunos lerem o texto novamente e preencherem o quadro. A ideia é que, ao preenchê-los, eles estabelecem vínculos com o texto e o autor.
3. Os alunos devem compreender e avaliar o que o autor quis dizer com o texto.
4. A primeira coluna deve ser preenchida com as principais dúvidas ou questionamentos dos alunos. Caso queira, o professor pode sugerir perguntas ou questionamentos que os desafiem a compreender o texto.
5. Na segunda coluna, os alunos devem preencher o que eles acreditam que o autor diz, referente à dúvida ou questionamento da primeira coluna.
6. Na terceira coluna, os alunos devem estabelecer uma conexão entre aquilo que pensam sobre o assunto e aquilo que o autor menciona no texto.
7. Na última coluna, os alunos estabelecem considerações daquilo que o autor diz no texto com o que pensam, procurando extrair conclusões, resumindo sua compreensão.
8. Com efeito, quatro processos-chave de compreensão são extraídos: questionando ("Eu tenho dúvida..."), determinando importância ("O autor diz..."), fazendo conexões com conhecimento prévio e inferindo ("Eu penso que...") e sintetizando novos entendimentos ("E, assim, concluo...") (Fig. 18).

Eu tenho dúvida...	O autor diz...	Eu penso que...	E, assim, concluo...

Figura 18 Folha para os alunos anotarem os processos-chave de compreensão proporcionada pela atividade interação com o autor.

ESTRATÉGIA 24:

Jogo de cartas

O jogo de cartas permite aos alunos aprenderem, de modo lúdico, acerca de um assunto a ser trabalhado a partir de um texto científico (artigo), capítulo de livro ou unidade de aprendizagem, por meio de um conjunto de cartas com questões sobre esse assunto.

COMPETÊNCIAS

- Trabalho em equipe.
- Auto e heterorreflexão.
- Tomada de decisão.
- Gerenciamento e troca de informações.

CONSIDERAÇÕES ACERCA DO LEIAUTE DA SALA DE AULA

Esta estratégia pode ser aplicada de duas formas distintas:

1. A estratégia pode ser aplicada em um grande grupo, disposto em forma de U ou em círculo.
2. Outra possibilidade reside em dividir a sala em vários subgrupos de no máximo seis alunos, também dispostos em círculos, entregando, para cada grupo, parte do baralho contendo citações, excertos ou questões.

Observação: Em vez de utilizar cartas, o professor pode digitar as citações, excertos ou questões, em pequenos pedaços de papel e embrulhá-los para tentarem a sorte.

SEQUÊNCIA DIDÁTICA

1. O professor deve optar por trabalhar com o grande grupo (a sala toda) ou em grupos menores.

2. Para cada grupo, o professor deve dar um conjunto de cartas, ou distribuir as afirmativas digitadas das cartas, embrulhadas e dispostas em um recipiente, ou "saquinho", para tirarem na sorte.

3. Em sentido horário, cada pessoa do grupo deve retirar uma citação, excerto ou questão, ler em voz alta e responder para todos os colegas (ao trabalhar com questionamentos) ou, no caso do excerto ou citação, explicar.

4. Os demais colegas do grupo devem dar *feedback*, de modo a colaborar com o colega no debate promovido pela citação/excerto ou na resolução da questão, atuando como orientador ou preceptor.

5. Quando necessário, o professor faz a intervenção necessária, complementando os alunos.

O professor encerra a atividade promovendo uma discussão ou debate, complementando a discussão realizada em sala de aula e, ainda, ressaltando os principais pontos debatidos.

ESTRATÉGIA 25:
Jogo pedagógico *verdadeiro, falso ou discussão*

Os jogos pedagógicos revelam sua importância, pois promovem situações de ensino-aprendizagem de forma lúdica e prazerosa, desenvolvendo ação ativa e motivadora.

Jogando, o sujeito se depara com o desejo de vencer, o que pode provocar uma sensação agradável, pois as competições e os desafios são situações que, por trabalhar com os impulsos, geram maior engajamento dos alunos nas atividades.

É importante destacar que o uso dos jogos pedagógicos possa ser visto como instrumento de apoio, constituindo elemento útil na prática de conteúdos de qualquer área do conhecimento.

Além disso, o jogo pedagógico **verdadeiro, falso ou discussão** pode ser adaptado para qualquer área, em qualquer nível. Por exemplo, o professor pode colocar nos envelopes cálculos resolvidos, situações-problema, afirmativas de português ou de inglês e até conteúdos mais complexos. Pode-se, também, utilizá-lo como estratégia para a revisão dos conteúdos trabalhados em um determinado tempo.

COMPETÊNCIAS

- Aprendizado de localizar, acessar, selecionar e usar melhor as informações disponíveis.
- Apreensão do verdadeiro sentido da cooperação nas relações interpessoais, desenvolvendo a empatia e a compreensão do outro ao trabalhar solidariamente.

SEQUÊNCIA DIDÁTICA E REGRAS DO JOGO

1. Para usar a estratégia do jogo pedagógico verdadeiro, falso ou discussão, o professor deverá disponibilizar, para cada grupo, uma espécie de tabuleiro (papel cartão) contendo seis envelopes numerados de 1 a 6, mais três envelopes, alocados abaixo desses, identificados como Verdadeiro, Falso e Discussão, um dado e uma ficha de gabarito, como mostra a Figura 19.

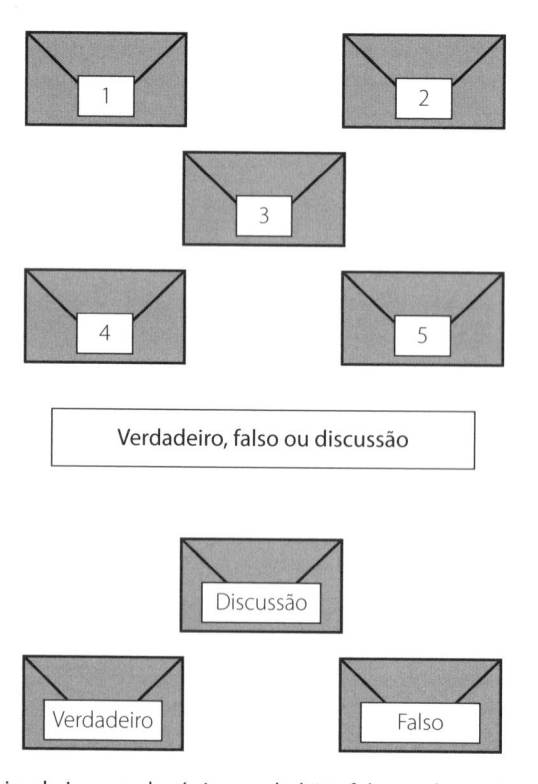

Figura 19 Tabuleiro do jogo pedagógico *verdadeiro, falso ou discussão.*

2. Com base no trabalho com algum conteúdo específico, o professor elabora cinco blocos com quatro afirmativas verdadeiras e falsas e as distribui nos envelopes. No envelope 1, deverão conter as afirmativas 1A, 1B, 1C, 1D; no envelope 2, as afirmativas 2A, 2B, 2C, 2D, e assim sucessivamente (Fig. 20).

3. Com o tabuleiro montado, o aluno lança o dado e retira do envelope uma afirmativa referente ao número que caiu. Por exemplo, se cai o número 5 no dado, o aluno dirige-se então ao envelope 5 e tenta resolver a questão

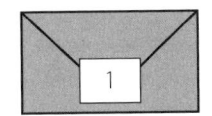

1A – As imagens a seguir mostram diferentes fases do desenho da criança.

1A. De acordo com os assuntos discutidos em sala:
- I – No início, entre 1 e 2 anos de idade, as representações das crianças são marcadas pelas garatujas, tornando-se inadequado propor atividades de desenho, pois a criança fará somente rabiscos, sendo apropriado esperar primeiramente que a capacidade motora evolua e a criança organize melhor seus movimentos.
- II – O desenvolvimento progressivo do desenho implica mudanças significativas, que, no início, dizem respeito à passagem dos rabiscos iniciais da garatuja para construções cada vez mais ordenadas, fazendo surgir os primeiros símbolos, como imagens de sol e figuras humanas.
- III – Ao final do seu primeiro ano de vida, a criança já é capaz de, ocasionalmente, manter ritmos regulares e produzir seus primeiros traços gráficos, considerados muito mais como movimentos do que como representações.

Estão corretas as afirmativas II e III, apenas.
(Questão adaptada do concurso público do município de Rondonópolis – 2011)

1B. O desenho a seguir é uma garatuja. A garatuja é uma atividade sensório-motora, descomprometida e ininteligível.

1C. Para compreender o desenho infantil enquanto produção a ser analisada e percebida de forma séria e particular, faz-se necessário reconhecer as crianças como sujeitos singulares, contextualizados, produtores e criadores de história e de cultura e com especificidades em relação aos adultos.

1D. O desenho é uma forma de expressão e de desenvolvimento da criatividade da criança.

Figura 20 Blocos com afirmativas verdadeiras e falsas elaboradas pelo professor e que serão postas nos envelopes.

sozinho – caso não consiga, solicita ajuda entre os membros do próprio grupo. Se a resposta for verdadeira, o aluno coloca a alternativa no envelope VERDADEIRO; se for falsa, coloca no envelope FALSO. Caso não saibam resolver ou não tenham entrado em um consenso, a alternativa deve ser dirigida ao envelope DISCUSSÃO. Destaca-se que, se o dado cair no número 6, a vez é passada para o próximo jogador.

4. O professor deverá disponibilizar um tempo que considera necessário. Caso o grupo não consiga resolver todas as questões no tempo combinado, o grupo pode ser desclassificado. Ao término da atividade, o grupo preenche a ficha do gabarito (Fig. 21), que funciona como uma autoavaliação de desempenho do grupo conforme sugestão (Fig. 22).

5. Após o término do jogo e preenchimento do gabarito, o professor discute com os alunos cada afirmativa, mediando o conhecimento, estabelecendo relações e problematizando com a realidade. Considera-se este momento o mais importante do jogo, pois os alunos, já sensibilizados, poderão ter a oportunidade de debater a reposta com mais atenção e profundidade teórica.

6. Se achar conveniente, o professor pode dar um "brinde" ao grupo vencedor ou pontos na média.

VERDADEIRO	DISCUSSÃO	FALSO

Figura 21 Modelo de gabarito do jogo *verdadeiro, falso ou discussão.*

Membros do grupo: _____

Quantidade de erros	Quantidade de acertos

13 ou menos acertos	**14 a 20 acertos**
Vamos precisar rever o conteúdo! Ler novamente e buscar seu preceptor ou monitor pode lhe ajudar a melhorar seu desempenho. Não desanime! Você consegue!	Parabéns! Você conseguiu dominar 70% do conteúdo ou mais! Continue assim! Se tiver dúvidas, não se esqueça de perguntar em sala ou buscar um preceptor ou monitor! Aprender é o melhor caminho para seu sucesso.

Figura 22 Ficha de autoavaliação do jogo *verdadeiro, falso ou discussão*.

ESTRATÉGIA 26:
Mapeamento de causas

O mapeamento de causas ajuda os alunos a pensarem nas causas diretas e indiretas de um evento ou ação sobre determinada questão ou problema. Nesta estratégia, os alunos devem mapear as causas de modo visual. Esta atividade precede atividades como o *brainstorm* ou *brainwriting* e pode ser realizada com *post-its*.

COMPETÊNCIAS

- Troca e gerenciamento de informações.
- Trabalho em equipe.
- Desenvolvimento de ideias, pensamento, reflexão e tomada de decisão.

SEQUÊNCIA DIDÁTICA

1. Os alunos devem formar grupos de no mínimo três e no máximo cinco pessoas.
2. Os alunos devem escrever o principal evento, assunto ou problema em um círculo central no meio da página. Podem utilizar *post-its*, se acharem necessário.
3. Posteriormente, os alunos devem escrever as consequências diretas ligadas ao evento/tema/problema. Quanto mais consequências diretas conseguirem elencar, melhor. Não há limites.
4. Em seguida, devem escrever as consequências de segunda ordem, ou seja, as consequências derivadas das consequências diretas.
5. Posteriormente, o professor deve solicitar aos alunos que aprofundem um pouco mais e escrevam as consequências de terceira ordem. As consequências de terceira ordem são aquelas desdobradas das consequências anteriores (de segunda ordem). Os alunos devem aprofundar as consequências até saturar, ou seja, quando não encontrarem mais consequências. Assim, podem ter consequências de quarta e quinta ordens, e assim sucessivamente (Fig. 23).
6. Os alunos podem fazer os círculos de cores diferentes, para representarem consequências positivas e negativas.
7. Em seguida, os alunos devem dar *feedback* uns aos outros. Enquanto um grupo justifica para os demais, os outros podem anotar e sugerir novas ideias.
8. Como atividade complementar a esta, sugere-se a estratégia ATF/I. Neste caso, o professor deve solicitar aos alunos para separar os fatores que julgam mais importantes, elencados nos círculos, para aprofundar com o uso da estratégia ATF/I.
9. O professor encerra a atividade promovendo uma discussão/debate.

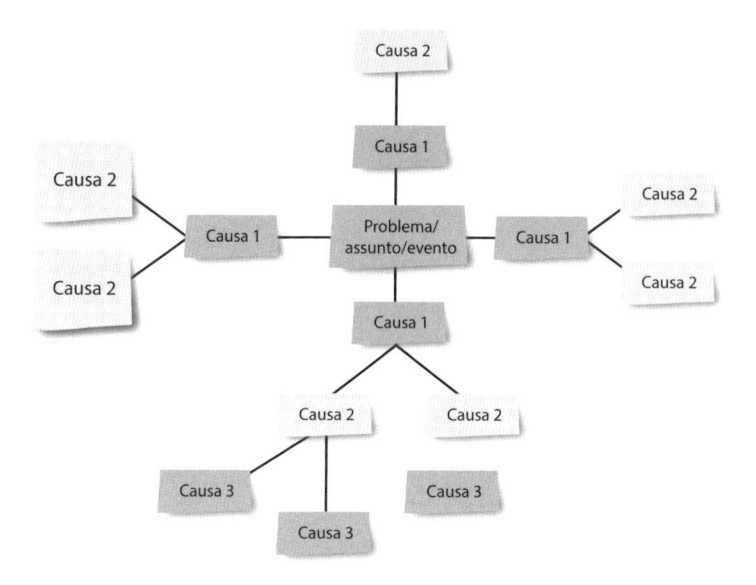

Figura 23 Mapeamento de causas.

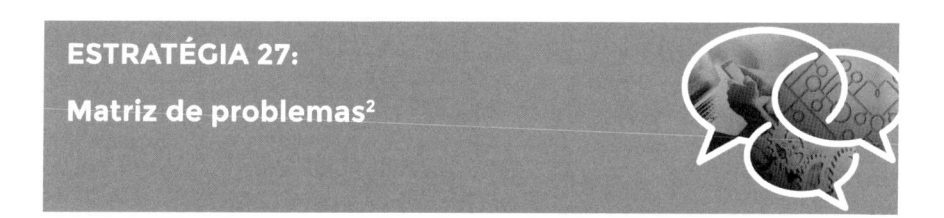

ESTRATÉGIA 27:

Matriz de problemas[2]

A matriz de problemas é uma estratégia que permite classificar os problemas segundo quatro critérios distintos: 1) Problemas importantes e urgentes; 2) Problemas urgentes, mas não importantes; 3) Problemas importantes, mas não urgentes; 4) Problemas sem importância e sem urgência.

Esta estratégia pode ser usada após o *brainstorm*, o *brainwriting* ou o mural de fatos e notícias.

[2] Baseada no Método Eisenhower.

COMPETÊNCIAS

- Análise.
- Síntese.
- Comunicação (oral e escrita).
- Trabalho em equipe.
- Resolução de problemas.

SEQUÊNCIA DIDÁTICA

1. Após a realização de atividade precedente, o professor deve solicitar ao grupo de alunos que classifique os problemas segundo os critérios da matriz de problemas.
2. Os alunos devem preencher a matriz de problemas, iniciando pelo Quadrante 1, Problemas importantes e urgentes, até o Quadrante 4, Problemas sem importância e sem urgência (Fig. 24).
3. O professor pode solicitar para que outra equipe analise a matriz e faça suas considerações, fornecendo-lhes *feedback* oral ou por escrito.
4. Posteriormente, caso julgue necessário, o professor pode expandir a atividade por meio da estratégia de mapeamento de causas.
5. Ao final, o professor pode promover uma discussão ou debate acerca da atividade trabalhada em sala de aula e dos resultados alcançados.

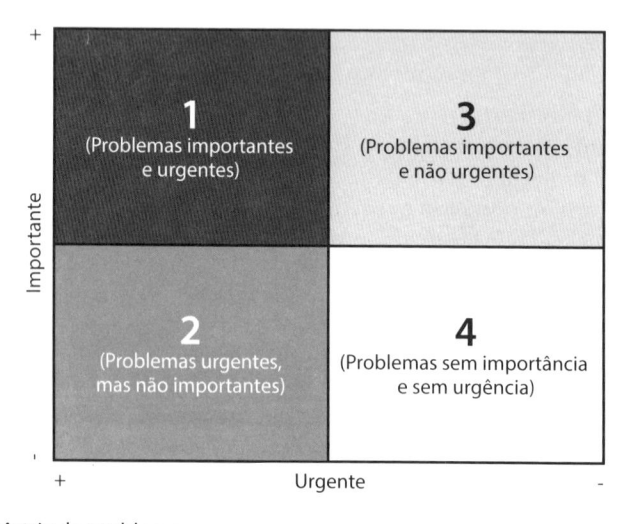

Figura 24 Matriz de problemas.

ESTRATÉGIA 28:
Mapa mental

Os mapas mentais foram criados pelo inglês Tony Buzan, na década de 1970. Seu objetivo era aprimorar o processo de aprendizagem e a memorização utilizando uma abordagem não linear de encadeamento de informações. O método de registro de ideias proposto por Buzan é organizado do modo em que o cérebro armazena informações nos neurônios.

Os mapas mentais procuram representar, com o máximo de detalhes possível, a relação conceitual existente entre informações que normalmente estão fragmentadas, difusas e pulverizadas em textos curtos ou longos.

Trata-se de uma ferramenta para ilustrar ideias e conceitos, lhes dar forma e contexto, traçar as relações de causa, efeito, simetria e/ou similaridade que existem entre elas e torná-las mais palpáveis e mensuráveis, sobre os quais se possa planejar ações e estratégias para alcançar objetivos específicos.

Os mapas mentais são úteis para memorizar os conteúdos e, mais do que isso, são uma forma de registrar – de forma inteligente e que permita revisões ultrarrápidas – os assuntos compreendidos em forma de resumos que sintetizam o entendimento das matérias.

COMPETÊNCIAS

- Capacidade de sintetizar as ideias.
- Capacidade de ordenar e organizar as ideias.
- Capacidade de associação de ideias.

SEQUÊNCIA DIDÁTICA

1. O professor deve escolher um conteúdo ou texto a ser trabalhado e apresentá-lo aos alunos de forma geral.
2. Ao término da apresentação, o professor deve solicitar aos estudantes que elaborem o mapa mental do conteúdo trabalhado.
3. Para elaborarem o mapa mental, os estudantes devem seguir as seguintes recomendações:
   a) Iniciar no centro, com uma imagem do assunto, usando pelo menos três cores.

b) Usar imagens, símbolos, códigos e dimensões em todo seu mapa mental.
c) Selecionar as palavras-chave e escrevê-las usando letras minúsculas ou maiúsculas.
d) Colocar cada palavra/imagem sozinha e em sua própria linha. As linhas devem estar conectadas a partir da imagem central. As linhas centrais são mais grossas, orgânicas e afinam-se à medida que irradiam para fora do centro.
e) Fazer as linhas do mesmo comprimento que a palavra/imagem que suportam.
f) Usar várias cores em todo o mapa mental, para a estimulação visual e também para codificar ou agrupar.
g) Desenvolver seu próprio estilo pessoal de mapeamento da mente.
h) Usar ênfases e mostrar associações em seu mapa mental.
i) Manter o mapa mental claro, usando hierarquia radial, ordem numérica ou contornos para agrupar ramos.

Veja a Figura 25:

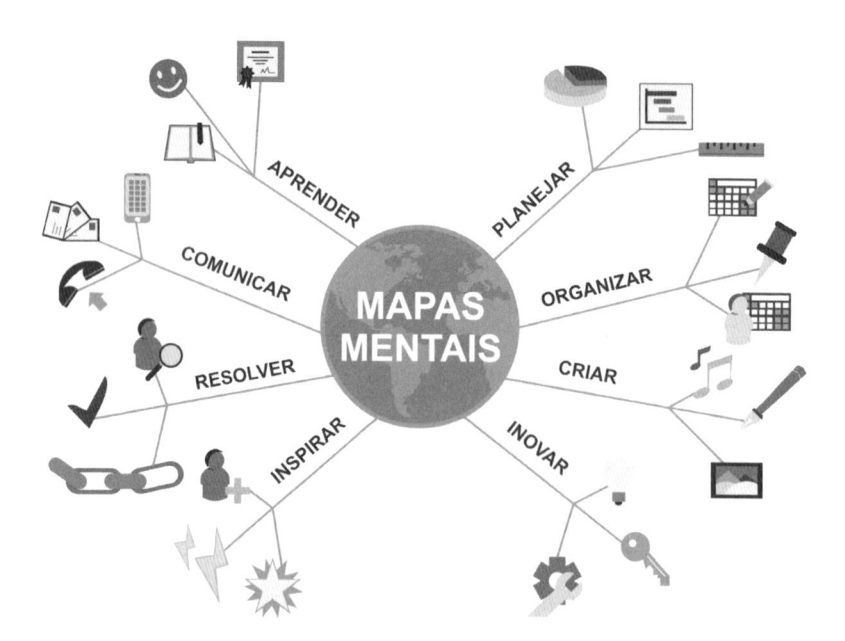

Figura 25 Exemplo de mapa mental.

ESTRATÉGIA 29:
Mural de fatos e notícias

O mural de fatos e notícias permite aos alunos discutirem ou debaterem assuntos relacionados com determinado tema, notícia ou fato real. Pode-se, ainda, solicitar que os alunos façam o exercício de buscar subtemas a partir do tema proposto. O objetivo é proporcionar uma visão maior a respeito do tema ou assunto, formando ideias e conceitos a serem aprofundados em outra atividade. Como atividade complementar, sugere-se a ATF/I, o mapeamento de causas ou a pirâmide de prioridades.

COMPETÊNCIAS

- Comunicação.
- Argumentação.
- Troca de informações.
- Análise e comparação.
- Associação e desenvolvimento de ideias.

CONSIDERAÇÕES ACERCA DO LEIAUTE DA SALA DE AULA

Os alunos, juntamente com o professor, podem utilizar um espaço do quadro branco ou de vidro, um espaço na parede, ou uma folha de tamanho A1 ou de *flip-chart*.

SEQUÊNCIA DIDÁTICA

1. O professor deve solicitar, em uma aula antes, a leitura de algum texto científico ou unidade de aprendizagem e a coleta de reportagens, notícias, etc., associadas ao texto/estudo para facilitar e otimizar a apresentação.
2. O professor deve definir, juntamente com a turma, temas/desafios/problemas a serem trabalhados na atividade.
3. Com os temas definidos, podem-se alocar as reportagens e notícias trazidas pelo professor e pelos alunos em subtemas ou, ainda, montar um mural na sala, para que todos possam visualizar as informações (Fig. 26).

Figura 26 Mural de fatos e notícias.

4. O professor deve mediar o conteúdo teórico do texto previamente indicado, estabelecendo ligações com os problemas reais do campo profissional, ilustrados nas reportagens, fatos ou notícias, e possíveis problemas que possam ser resolvidos.

5. Enquanto o professor faz a mediação, os alunos devem fazer anotações, questionar, argumentar e dar *feedback* de forma a complementar a discussão e o debate realizado em sala de aula.

6. Os alunos podem elaborar ou extrair problemas ou questionamentos a serem pesquisados e solucionados a partir das reportagens. Podem também extrair problemas, características e questionamentos comuns entre as notícias, estabelecendo correlações convergentes e divergentes entre elas.

7. O professor pode complementar solicitando aos alunos que apliquem e interpretem as notícias e reportagens utilizando outras estratégias, como a ATF/I, o mapeamento de consequências, a árvore de problemas ou a pirâmide de prioridades, para maior aprofundamento e esclarecimento do problema ou assunto.

ESTRATÉGIA 30:

Paleta de cores com uso de artigo científico

Sabe-se que a produção científica representa um dos grandes desafios para os acadêmicos do ensino superior e tem sido cada vez mais trabalhada no ensino médio.

A paleta de cores com uso de artigo científico tem como objetivo auxiliar os alunos que estão iniciando a produção de escrita científica a visualizarem as partes que compõem um artigo de maneira mais dinâmica e interativa. É ensinar a ver!

Antes de começar a produção do artigo de fato, cabe ao professor introduzir os acadêmicos na escrita formal e científica, chamando a atenção para sua estruturação, linguagem, objetivos e possibilidades de organização e desencadeamento das ideias.

A principal característica desta estratégia é solicitar que cada aluno identifique com a cor selecionada a parte do artigo trabalhada. Somente após a pintura, o professor inicia a explicação. O sucesso dessa técnica é que, ao ensinar a ver, o professor estabelece as comparações, similitudes, divergências a partir dos textos trazidos pelos próprios alunos, ampliando sua experiência e garantindo uma produção escrita mais tranquila (Fig. 27).

Embora apresente pouca complexidade, observa-se que a aplicação desta técnica possibilita maior compreensão dos alunos sobre a estrutura de artigo científico, ampliando de modo significativo a capacidade de organização da escrita.

COMPETÊNCIAS

- Ampliação da capacidade da escrita formal e científica.
- Associação de ideias.

SEQUÊNCIA DIDÁTICA

1. O professor deve solicitar que o aluno traga um artigo científico sobre o tema que está estudando. É importante que cada aluno trabalhe com um texto de sua própria seleção.
2. O professor deve então selecionar uma parte e solicitar que o aluno encontre e pinte da cor correspondente e, só depois disso, iniciar a explicação do que ela representa, chamando a atenção aos detalhes e permitindo comparações

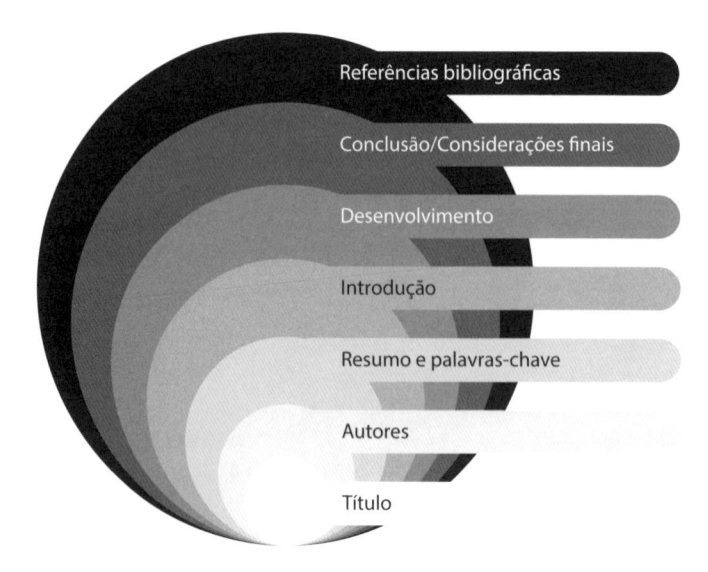

Figura 27 Paleta de cores no artigo.

com os artigos dos outros acadêmicos. Por exemplo, todos devem pintar de cinza o resumo e as palavras-chave.

3. Após a pintura, o professor deve realizar a explicação adequadamente. Neste momento, o professor solicita que alguns alunos leiam e prossegue mostrando o que é um bom resumo, como deve ser elaborado, ou o que deve ser evitado, e assim por diante, trabalhando com as demais partes do texto.

4. Na medida em que o professor solicita a identificação com a cor correspondente e dá a explicação, os alunos começam a perceber as diversas possibilidades de apresentação das ideias e formas de escrita.

ESTRUTURA DO ARTIGO CIENTÍFICO

"Artigo científico é parte de uma publicação com autoria declarada, que apresenta e discute ideias, métodos, técnicas, processos e resultados nas diversas áreas do conhecimento" (ASSOCIAÇÃO BRASILEIRA DE NORMAS TÉCNICAS, 2003, p. 2).

O texto de um artigo científico é dividido nos elementos pré-textuais (título, autores, resumo, afiliação e palavras-chaves), textuais (introdução, métodos, resultados, discussão e conclusão) e pós-textuais (referências, anexos e outros). Além disso, deve estar formatado conforme as normas exigidas instituídas pelo local ao qual irá ser submetido.

Organiza-se uma breve explicação das partes que compõem o artigo para auxiliar os acadêmicos iniciantes a perceberem o tipo de linguagem, a ordem em que as ideias estão desencadeadas e como o texto pode ser organizado. A formatação deve ser indicada pelo professor e deve estar de acordo com a Associação Brasileira de Normas Técnicas (ABNT) (2003).

É comum as faculdades e universidades estabelecerem uma norma própria, e isso deve ser respeitado.

ELEMENTOS PRÉ-TEXTUAIS

Título

Deve ser a parte tipo manchete, escrito de forma clara e concisa. Além disso, o título deve ser redigido com um número pequeno de palavras e transcrever de forma adequada o conteúdo do trabalho.

Autores e afiliação

Autores: Nomes das pessoas que produziram o texto.
Afiliação: Vínculo institucional, que pode ser de trabalho, de estudo ou de estágio.

Resumo

O resumo é uma espécie de miniatura de todo o artigo que trata de apresentar de forma concisa os pontos relevantes do texto e visa fornecer elementos capazes de permitir ao leitor a decisão sobre a possibilidade de continuar a leitura do trabalho ou não.

O resumo apresenta os pontos relevantes do trabalho, e nele devem ser indicados a natureza do problema a ser estudado (tema), a metodologia utilizada e os resultados mais significativos esperados, ressaltando-se o surgimento de fatos novos, descobertas significativas, contradições e teorias anteriores, relações e efeitos novos verificados.

Deve-se ter o cuidado para não realizar uma enumeração de tópicos, e sim uma sequência corrente de frases concisas.

Palavras-chave

São palavras que merecem destaque e têm por objetivo identificar e definir os termos para que o leitor compreenda quais são seus significados para a pesquisa.

ELEMENTOS TEXTUAIS

Introdução

Sua função é despertar o interesse sobre o tema estudado, situando o leitor sobre o que será apresentado no texto. É importante fornecer informações básicas sobre o tema que é o objeto do estudo de modo equilibrado em relação às demais partes do trabalho.

Desenvolvimento (resultados e discussão)

O desenvolvimento é o coração de um artigo. Nele constam a revisão de literatura, a metodologia, os resultados e a discussão.

1. Revisão da literatura: é importante fundamentar as argumentações, usar citações, fazendo um detalhamento do tema e exemplificando, quando for o caso. É a apresentação de uma análise crítica do texto e das fontes consultadas.
2. Metodologia: trata-se da descrição dos métodos e técnicas sem a omissão do que for de real interesse. Nesta parte, é importante descrever as etapas de delimitações da população, a amostra, a técnica utilizada para a coleta dos dados e as limitações do projeto.
3. Resultados: consiste no relato do registro de todas as observações ou experimentações, sem comentários. Os resultados devem vir acompanhados dos respectivos valores estatísticos, ou dos dados qualitativos. Deve ser escrito de forma objetiva, sucinta e clara. O verbo, para a descrição, também deve estar no passado, e a linguagem deve ser impessoal.
4. Discussão: é o confronto dos resultados com a literatura; é a comparação, a avaliação, a interpretação e a crítica a partir dos dados coletados. O autor pode emitir teorias justificadas, sem esquecer a autocrítica. É importante, se possível, acrescentar ilustrações (quadros, tabelas, gráficos, fotos, etc.) relacionadas diretamente com o assunto desenvolvido.

Considerações finais

É a síntese dos principais pontos que serviram de base para sua argumentação. É a generalização dos achados e o resumo interpretativo das observações e experimentações. Deve ser baseada estritamente naquilo que os achados permitem, embora o autor possa apresentar opiniões de ordem teórica ou que oportunize novos projetos. Não devem ser acrescentados elementos novos, que não fizeram parte do trabalho.

É muito importante sintetizar o artigo em uma afirmativa final, de forma marcante, exata, firme, convincente, arrematando o que foi escrito.

ELEMENTOS PÓS-TEXTUAIS

Referências

Lista ou relação das fontes citadas no texto.

ESTRATÉGIA 31:
Passa ou repassa acadêmico

O passa ou repassa acadêmico é uma estratégia inspirada em um programa de auditório brasileiro, do tipo *game show*, estreado em 1987 no SBT, sob o comando de Silvio Santos.

Silvio Santos inspirou-se no programa norte-americano *Double Dare*, de 1987, adaptado pela rede televisiva Nickelodeon em 2000. Na ocasião, o jogo consistia na formação de dois times de pessoas que deveriam participar de um *quiz* com perguntas e respostas sobre conhecimentos gerais.

Após a definição da equipe iniciante, deveriam começar as questões. Se a equipe que iniciasse jogando não soubesse responder, poderia "passar" a pergunta para a dupla adversária; se esta também não soubesse, "repassava" a pergunta; se ninguém soubesse responder, um dos times teria que "pagar", participando de provas físicas, malucas, que valiam pontos no placar.

No ambiente escolar ou acadêmico, a atividade deve ser realizada de forma mais sofisticada e refinada, evitando os "castigos físicos", bem como levando os alunos a praticarem os conteúdos já trabalhados pelo professor.

A atividade, quando bem organizada, gera muito engajamento, motivação, pois é muito animada e qualquer conteúdo pode ser adaptado para esta estratégia.

COMPETÊNCIAS

- Trabalho em equipe.
- Comunicação.
- Desenvolvimento de ideias, reflexão e tomada de decisão.

SEQUÊNCIA DIDÁTICA

1. O professor seleciona um conteúdo, que pode ter sido trabalhado anteriormente por meio de uma aula expositiva ou como tarefa a ser realizada de forma independente.
2. Com o conteúdo apresentado aos acadêmicos, o professor deverá elaborar uma série de questões, que podem ser abertas ou fechadas, e colocadas em uma caixinha.
3. A turma deverá ser dividida em dois grandes grupos, e os integrantes de cada um dos grupos deverão formar duas filas.
4. As duas primeiras duplas de alunos (uma de cada grupo) deverá se levantar e ir para frente da sala (conforme Fig. 28).
5. As duplas deverão tirar par ou ímpar, e o membro vencedor começará respondendo às perguntas e dando a vez, na pergunta seguinte, para o membro da outra equipe.
6. O professor fará a primeira pergunta, e o membro poderá escolher se quer ou não responder à pergunta. Se o acadêmico souber, responde imediatamente; se não souber, deverá dizer "Passo". Caso o integrante também não saiba, deve dizer "Repasso", ou seja, caso não saiba, poderá passar a pergunta para o membro da outra equipe, que, por sua vez, poderá retornar a pergunta para a pessoa cuja pergunta foi feita inicialmente.
7. A cada pergunta correta, marca-se um ponto, mas, se a questão for repassada e o membro inicial não souber responder, deverá perder um ponto, cabendo ao professor separar a questão para ser debatida posteriormente.
8. Ao final do jogo, vence a equipe que fizer o maior número de pontos. Caso haja empate, será feita uma pergunta extra, que poderá ser respondida por qualquer componente de cada uma das equipes.

Figura 28 Passa ou repassa acadêmico.

9. O professor pode trazer premiações, como brindes ou docinhos, ou pode utilizar o jogo como uma atividade avaliativa.

RECOMENDAÇÕES

Para tornar esta estratégia ainda mais dinâmica, o professor pode-se utilizar de uma **máquina do tipo passa ou repassa**, disponível em *sites* de venda, tipo o Mercado Livre. A máquina permite que o estudante sinalize, acionando com o botão, que sabe a resposta. Neste caso, vence também quem consegue ir mais rápido.

ESTRATÉGIA 32:

Peer instruction com uso de *flashcards* ou aplicativos tipo *clickers*

Peer instruction, ou a instrução por pares, é uma estratégia pedagógica introduzida em 1991 por Eric Mazur, em suas aulas de física na Harvard University, nos Estados Unidos, com o intuito de proporcionar que os alunos se engajem no processo de aprendizagem. De modo geral, ela se desenvolve a partir da aplicação de testes conceituais, que promovem o debate entre os alunos, instigando-os a exporem suas ideias acerca do conteúdo trabalhado em sala de aula (Fig. 29).

O professor lança questões individuais e coletivas, cujas respostas podem ser dadas pelos alunos por meio do uso do computador ou outros dispositivos, como *tablets*, telefones celulares, *clickers* ou mesmo os *flashcards*.

Quando se opta pelos aplicativos, no mesmo instante em que os acadêmicos respondem as questões, o *software* gera um gráfico que permite a visualização dos resultados obtidos, permitindo que o docente analise o nível de compreensão da turma em relação ao assunto que está sendo ensinado e possa dar um *feedback* imediato.

Esta atividade objetiva a construção coletiva do conhecimento por meio de uma troca constante de informações, de pontos de vista e de questionamentos para resoluções de questões.

COMPETÊNCIAS

- Domínio de múltiplas linguagens.
- Leitura compreensiva.
- Capacidade de resolver problemas de forma individual e em grupo.

Figura 29 *Peer instruction.*
Fonte: equipe SAGAH.

SEQUÊNCIA DIDÁTICA

1. O professor deverá indicar a realização da leitura do texto indicado (em sala ou em casa) e solicitar que os alunos identifiquem os conceitos apresentados e/ou ideias que consideram relevantes. Definir o contexto do problema no mundo real – é importante procurar inspiração em revistas, jornais, em conversas com profissionais da área, para conseguir aplicações realistas dos conteúdos do problema.
2. Após esta atividade, o professor deve lançar questões, em geral de múltipla escolha, a respeito do conteúdo do texto e determinar um tempo para que os alunos possam votar na alternativa que julgam ser a correta.
3. As respostas dos alunos podem ser dadas pelo computador ou outro dispositivo ou pelas alternativas indicadas nos *flashcards*, e são expostas automaticamente, para todos os alunos por meio da exposição gráfica.
4. Após a exposição dos resultados das questões individuais, o professor deve solicitar que os acadêmicos se reúnam em pares e que realizem a discussão, chegando a um consenso, para então anotar a resposta de cada grupo, para debater o resultado exposto na Figura 30.
5. Nesta etapa, é fundamental que os alunos sejam incentivados a formular, individualmente, um raciocínio para tentar convencer algum colega que tenha escolhido uma resposta diferente da sua.
6. Logo após a tomada de decisão coletiva, o professor lança novamente as mesmas questões e expõe o resultado gráfico gerado pelo *software*.

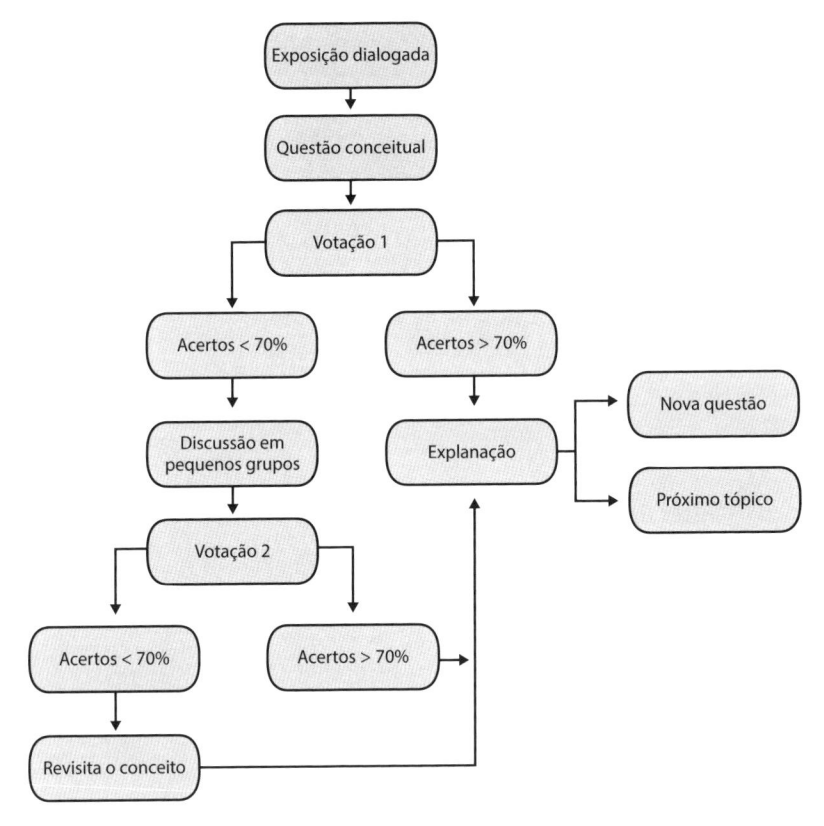

Figura 30 Estratégia *peer instruction*.
Fonte: adaptada de Lasry, Mazur e Watkins (2008, p. 1.067).

7. Com o resultado exposto construído pelos pares, o professor deve iniciar o debate solicitando que os acadêmicos expliquem como chegaram a suas conclusões.

De acordo com Mazur (2015), é importante considerar que, se o resultado da votação resultar em mais de 70% de acertos, o professor pode comentar a questão, argumentando sobre a pertinência da alternativa considerada correta e apontando o que está incorreto nas demais alternativas, e seguir em frente.

No entanto, se o professor identificar que menos de 30% dos alunos acertaram as questões, é sinal de que a maior parte ainda não compreendeu, e é aconselhável que o conteúdo seja explicado novamente, de preferência, com uma abordagem diferente e que todo o processo seja retomado.

ESTRATÉGIA 33:

Pirâmide de prioridades

A pirâmide de prioridades permite que os alunos considerem quais pontos são mais relevantes na construção de uma questão ou na resolução de um problema. Os alunos devem priorizar ideias e informações, bem como discutir e justificar suas escolhas acerca do problema/questão.

Esta atividade pode ser precedida por um *brainstorm* realizado com *post-its*, para gerar ideias antes de priorizá-las.

COMPETÊNCIAS

- Trabalho em equipe.
- Desenvolvimento de ideias, pensamento, reflexão e tomada de decisão.

SEQUÊNCIA DIDÁTICA

1. Os alunos devem trabalhar em dupla ou formar grupos.
2. Cada grupo deve receber um problema, um tema ou assunto, ou ainda, citações, frases ou imagens, distribuídos ou sorteados pelo professor. Como alternativa, os alunos podem escrever, antes, fazer o *brainstorm* com *post--its* e, posteriormente, usá-los na construção da pirâmide.
3. Os fatores mais importantes devem estar no topo da pirâmide; os menos importantes, na base da pirâmide, conforme apresenta a Figura 31.
4. Em seguida, os grupos devem dar *feedback*, justificando as escolhas e decisões na construção da pirâmide de prioridade. Enquanto um grupo justifica suas escolhas para os demais, os outros podem anotar e sugerir novas ideias.
5. Como atividade complementar a esta, sugere-se a estratégia denominada árvore de problemas ou o diagrama dos cinco porquês, para explorar mais os pontos considerados relevantes no muro.

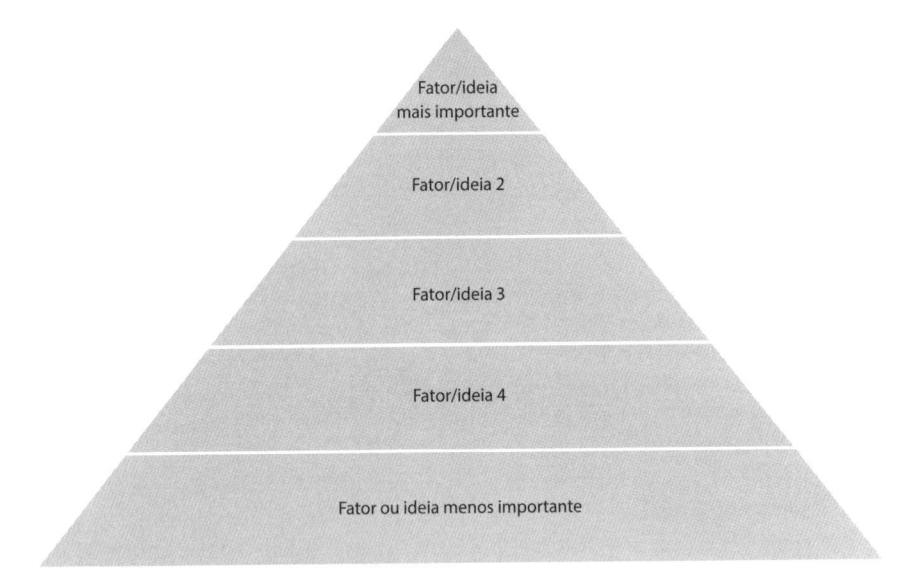

Figura 31 Pirâmide de prioridades.

ESTRATÉGIA 34:

Planejamento de escrita científica por meio de diagrama

O planejamento das ideias de um texto constitui um elemento fundamental durante o processo de escrita, visto que, de modo geral, escrever ainda representa um grande desafio na educação superior.

A estratégia planejamento de escrita científica por meio de diagrama tem como objetivo auxiliar os acadêmicos no processo de organização e de desencadeamento das ideias.

Após trabalhar com as partes que compõem um artigo, conforme indicado na estratégia paleta de cores com uso de artigo científico, o professor deve dar um passo à frente, iniciando o planejamento da escrita científica.

Esta atividade também pode ser realizada com *post-its*.

COMPETÊNCIAS

- Organização e planejamento da escrita.

SEQUÊNCIA DIDÁTICA

1. Depois que já possui uma temática e um problema bem definido, o professor deve entregar ao aluno uma folha, preferencialmente A3, com um diagrama em forma de pirâmide com, no mínimo, seis divisões, sem nada escrito, e *post-its* coloridos.
2. O aluno deve iniciar pelo topo da pirâmide, inserindo, em um *post-it*, um título, ainda que provisório, para situar o restante do planejamento.
3. Na segunda parte, o acadêmico insere as principais ideias, que compõem a introdução, como objetivo, metodologia e justificativa. Nesta fase, o acadêmico pode usar três *post-its* diferentes para ajudar na organização. É importante lembrar que cada ideia deve corresponder a pelo menos um parágrafo.
4. A terceira, quarta e quinta (caso necessário) partes correspondem às seções do texto. O aluno deve inserir os títulos para cada seção que deve compor o artigo. As seções devem ajudar a responder o problema principal. Para cada seção ou subtítulo, o acadêmico escreve um parágrafo sobre a principal ideia que pretende abordar.
5. Na base da pirâmide, o aluno escreve as considerações finais ou a conclusão do artigo, apontando alguma alternativa para a resolução do problema.
6. Com o diagrama pronto (Fig. 32), o professor terá um bom material para verificar a compreensão do aluno sobre seu texto e com isso fazer as inferências necessárias e mais assertivas no que diz respeito à produção do artigo.
7. O uso do *post-it* facilita a correção do professor, pois ele pode tirar e colocar em outro local, inserir ou excluir ideias, auxiliando o aluno no processo de produção da escrita científica.

ESTRATÉGIA 35:

Problemas do cotidiano

O ensino por meio de problemas destaca-se como uma das alternativas às formas tradicionais de ensinar. No meio educacional brasileiro, o ensino por problemas tem sido amplamente utilizado por alunos de diferentes grupos etários.

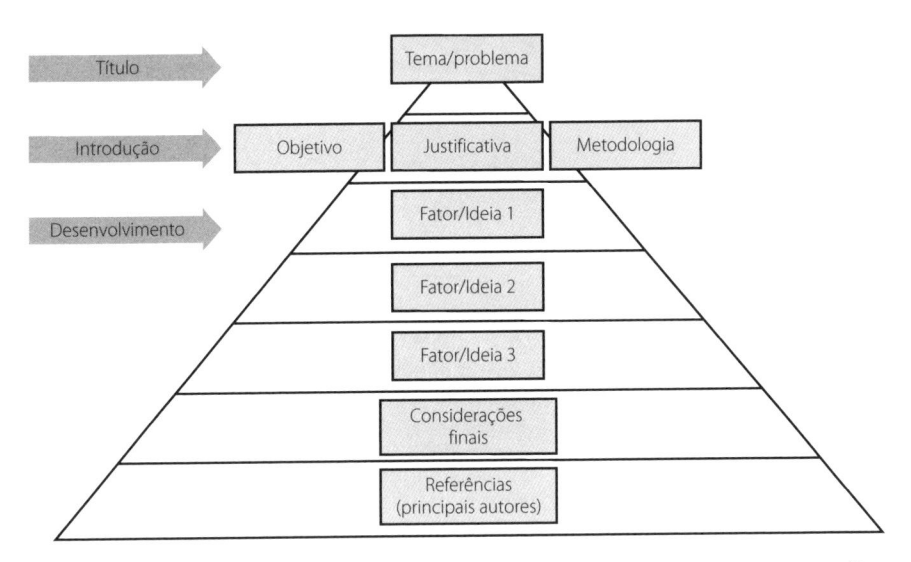

Figura 32 Escrita de artigo com o uso da estratégia planejamento de escrita científica por meio de diagrama.

Nos primeiros anos do século XXI, verifica-se a ampliação de seu uso em todos os níveis do sistema de ensino, particularmente em cursos superiores, nas diversas áreas do conhecimento (administração, engenharia, cursos da área da saúde, educação e outros).

O papel principal do professor é criar situações-problema do cotidiano profissional e coordenar sua solução. As ações do professor envolvem:

a. formulação de diferentes tipos de problemas e possíveis estratégias para sua solução;
b. questionamento dos alunos sobre seu processo de aprendizagem com perguntas metacognitivas;
c. estímulo da reflexão dos alunos sobre sua aprendizagem e desempenho.

O uso de problemas é uma forma de atividade que, como estratégia de aprendizagem, possui a propriedade de despertar o envolvimento, o interesse, a criatividade e a plena participação dos alunos.

Esta estratégia tem como objetivo criar para os alunos uma situação desafiadora e reflexiva, que o remeta ao domínio de informações do conteúdo apreendido, organizando-o de uma forma contextual.

COMPETÊNCIAS

- Ampliação da capacidade de expressão do aluno no que se refere à argumentação oral e escrita.
- Aumento da capacidade de resolução de problemas.
- Percepção da aplicabilidade de conceitos teóricos no campo profissional.

SEQUÊNCIA DIDÁTICA

1. O professor deve organizar um diálogo telefônico criativo e desafiador entre dois alunos ou entre personagens reais ou fictícios e, após a conclusão desse diálogo, imprimir uma cópia para cada grupo de alunos contendo apenas a fala de um dos dois interlocutores.
2. Tomando por base o que diz um dos personagens e a essência do conteúdo da matéria que se discute, cabe ao grupo "fechar" o diálogo, isto é, assumir a fala do personagem que não aparece registrada na cópia que recebeu, estruturando um diálogo com lógica, coerência e pertinência em relação ao assunto abordado no conteúdo telefônico.
3. Reunidos em grupo, a tarefa dos alunos será a de discutir o preenchimento da folha recebida, colocando-se em uma situação de quem, ao ouvir uma das falas, pode intuir qual outra lhe dá sentido e complemento. Após um determinado prazo (que varia conforme a dificuldade do desafio), os grupos entregam seu diálogo.
4. Ao avaliar os resultados, o primeiro propósito do professor deve ser o de verificar a coerência entre os personagens do diálogo, o domínio de conteúdo revelado pelas equipes para chegar a essa elaboração e, finalmente, a capacidade do grupo de atribuir significação aos conteúdos apreendidos, uma vez que esta é essencial para a composição de um excelente diálogo.
5. A estratégia pode ser elaborada com maior ou menor complexidade, dependendo do conteúdo do texto, e pode ser adaptada a qualquer curso de graduação, como, por exemplo: paciente e médico ou equipe de enfermagem, engenheiro e cliente, professor e aluno.
6. É fundamental que a atividade tenha um texto científico de base para que o aluno possa organizar seus diálogos fazendo a transposição de uma linguagem mais formal para a informalidade do dia a dia, mas com propriedade.
7. Se o professor achar interessante, pode, ainda, propor a encenação da atividade.

MODELOS PARA SEREM ADAPTADOS CONFORME NECESSIDADE

Modelo 1: Material didático para classe hospitalar[3]

Cliente: Bom Dia! De onde fala?

DR: Bom Dia! Aqui é da *Didactic Resolutions*! Trabalhamos para diferentes empresas, com a confecção e aplicação de estratégias e materiais didáticos para a resolução dos problemas ligados às relações e aprendizagens necessárias no espaço de convivência ou de trabalho! Atendemos desde escolas a empresas, como hospitais, clínicas, supermercados, lojas, pequenas empresas e o comércio em geral. Primeiramente, realizamos um encontro com os envolvidos e depois disponibilizamos um material didático para o cliente continuar o utilizando. Posso ajudá-lo?

Cliente: Sim. Eu sou gestor do Hospital. Estou com o seguinte problema: tenho crianças internadas que não frequentam a escola por um grande período, por isso, o hospital precisa oferecer um material de ensino de leitura e matemática inicial, que seja atrativo para as crianças que estão bastante tristes e, ao mesmo tempo, que seja um material que as próprias mães consigam aplicar para elas, já lembrando também que as mães devem ser treinadas para isso!

DR: Claro! Vou passar para a equipe seu problema e visitar sua empresa. Na semana que vem, ligo para passar nossa proposta.

Cliente: Ok!

Na outra semana...

Cliente: Alô...

DR: Bom Dia, é da *Didactic Resolutions*, estamos retornando com uma proposta para você. Pensamos em resolver seu problema da seguinte forma:

_____

_____

_____

_____

_____

Cliente: Gostei dessa proposta. Que profissionais irão participar do desenvolvimento desse recurso?

---

[3] O diálogo Material didático para classe hospitalar foi desenvolvido pela professora Jamily Charão Vargas.

DR:

Cliente: Quanto tempo leva para a confecção do material?
DR:

Cliente: Que custos vocês terão?
DR:

Cliente: Ótimo, podemos fechar negócio!

Atividades

1. Para responder à questão exposta no diálogo, elabore um esquema, expondo:
   a) problemas apontados pelo grupo;
   b) profissionais a serem consultados;
   c) pesquisas teóricas e de campo a serem realizadas;
   d) resoluções existentes;
   e) resoluções viáveis pelo tempo e recursos do grupo.

Modelo 2: O que cairá na prova?

Com base nos textos estudados, construa um diálogo fundamentado e contextualizado.
Nayara: Alô!
Juliana: Oi Nayara! Como vai?
Nayara: Oi Juliana! Eu vou bem, estava estudando para a avaliação da professora Thuinie. E você?

Nayara: _____

Juliana: Eu estou tentando, mas não sei nada! Você poderia me dar uma visão geral do conteúdo que irá cair na prova amanhã?

Nayara: Puxa! É bastante matéria! Estou perdida, principalmente em relação ao conteúdo do texto "O Sistema de Organização e Gestão da Escola". Lembro que a professora falou sobre o papel da equipe gestora, mas quais são as responsabilidades da direção e da coordenação? Tem diferença?

Juliana:

_____

_____

_____

_____

_____

Nayara: Agora entendi! Mas poderia me explicar melhor sobre as concepções de gestão escolar e suas diferenças? O tipo de gestão altera as relações da escola? Quais impactos podem gerar no modelo educacional adotado pelas instituições? Estou confusa!

Juliana:

_____

_____

_____

_____

_____

Nayara: Agora eu já sei tudo sobre as concepções de gestão. Não sabia como é importante ter clareza das diferenças entre os modos de gerenciar as escolas. Obrigada! E com relação à estrutura educacional da escola e seus diferentes setores? Pode me explicar também? Como isso pode ser aplicado nas escolas?

Juliana:

_____

_____

_____

_____

_____

Nayara: Você é ótima! Tenho certeza que irá muito bem nessa avaliação! Agora eu já me sinto mais segura também. Vou verificar os outros textos! Tchau! Até amanhã!

Juliana: Tchau! Qualquer coisa me liga! Quando eu ensino, aprendo mais! Obrigada!

Modelo 3: Funções de um novo trabalho

Leia a situação-problema a seguir e resolva:

> Elisângela é recém-formada em Pedagogia e acaba de ser aprovada em um concurso público. Ela está muito feliz com a conquista e sua família está muito orgulhosa. O único problema é que Elisângela nunca pôde deixar seu emprego de vendedora para trabalhar na área e, por isso, não tem experiência.

No dia determinado, Elisângela chega à escola e é recebida por outra pedagoga. A pedagoga, já sabendo da inexperiência de Elisângela, inicia as orientações sobre a organização geral do trabalho escolar:

Pedagoga Maria: Olá, sou a pedagoga Maria e irei lhe explicar como organizamos a vida escolar. Como você deve ter estudado, trabalhamos em função dos objetivos educacionais, propiciando as melhores condições possíveis de aprendizagem. Em nossa escola...

Elisangela: Obrigada pelas informações, realmente estudei sobre isso e tenho certeza que irei dar conta, mas, com relação à organização das atividades de apoio, existe este setor? Como funciona? Posso precisar para ajudar os docentes.
Pedagoga Maria:

Elisângela: Fico satisfeita em saber que a escola conta com tantos recursos. Outra coisa muito importante são as atividades que a escola desenvolve pensando na comunidade. Como a escola organiza as atividades que asseguram a relação entre a escola e a comunidade?
Pedagoga Maria:

ESTRATÉGIA 36:

Quadro sinóptico

O quadro sinóptico, ou quadro sinótico, é o resumo esquematizado de uma ideia, texto ou documento, e até mesmo da aula de um professor. Sua principal vantagem é permitir a visualização da estrutura e da organização do conteúdo que expõe um determinado texto. Pode ser elaborado com a ajuda de chaves, diagramas e inclusive da utilização de uma série de colunas e fileiras, tais como as tabelas.

No entanto, a sinopse é o resumo das principais ideias de um texto, apresentadas de forma analítica e organizadas de tal modo que fica evidente sua estrutura interna.

O quadro sinóptico cumpre basicamente com dois propósitos específicos. Por um lado, a determinação dos elementos essenciais do texto em questão, e, por outro lado, a representação esquemática das relações estabelecidas entre esses conteúdos.

Para confeccionar um quadro desse tipo, deve-se, em primeira instância, determinar as principais ideias do texto e empregar as técnicas de elaboração de resumos consideradas mais adequadas.

Assim, deve-se relacionar os elementos essenciais do texto para serem organizados. No entanto, deve-se identificar o grau de generalidade e, uma vez realizada essa etapa, elabora-se o esquema para se refletir nas relações dos elementos.

Outras considerações que devem ser levadas em conta são: não incluir ideias próprias, apenas os pontos destacados do texto, de maneira breve e concisa; indicar os conceitos centrais ordenados e de modo sistemático; representar as relações estabelecidas por meio de esquemas; ir do geral para o particular; e elaborar os subtítulos a partir de frases curtas e com sentido.

COMPETÊNCIAS

- Capacidade de síntese.
- Organização das ideias de forma visual.
- Memorização do conteúdo trabalhado.

SEQUÊNCIA DIDÁTICA

1. O professor deve selecionar o conteúdo ou o texto proposto.
2. O professor deve solicitar que os estudantes elaborem um quadro. O quadro pode ser no caderno ou em algum recurso digital, como uma tabela do Word ou Excel.
3. Então, o professor deve solicitar que os estudantes extraiam os conceitos ou ideias e, na outra coluna, escrevam o conceito ou uma breve explicação. Por exemplo:

Texto: Estratégias pedagógicas de aprendizado ativo – pedagogia	
As metodologias ativas são práticas pedagógicas que fornecem subsídios para uma pedagogia dinâmica, centrada na criatividade e na atividade discente, em uma perspectiva de construção do conhecimento, do protagonismo, do autodidatismo, da capacidade de resolução de problemas, do desenvolvimento de projetos, da autonomia e de maior engajamento no processo de ensino-aprendizagem.	
ESTRATÉGIAS	
Estudo de caso	Trata-se de resolver desafios e problemas com base em casos concretos, elaborando sínteses, explicações, tabelas e gráficos, entre outros. Os casos podem ser trazidos pelos professores em vídeos, texto ou mesmo reportagens e outras possibilidades que remetam a situações reais.
Aplicabilidade de um conceito	Trata-se da aplicabilidade de uma sequência de procedimentos a serem executados para realizar uma maquete, um cenário ou desenho, etc. Realizam-se, ainda, experimentos práticos que demonstram a aplicabilidade dos conhecimentos teóricos, seja em laboratórios ou outros espaços.
Criação de *site* ou *blog*	Criação colaborativa de um *blog* do curso, produção de vídeos, de textos (artigos, ensaios, relatórios, etc.). Pode-se dividir temas trabalhados na própria sala de aula e responsabilizar cada grupo por temáticas diferentes.
Interação com quem faz acontecer	Esta estratégia é a prática de se trazer para a sala de aula profissionais que aplicam no seu dia a dia os conhecimentos teóricos que estão sendo estudados. É importante que não seja em forma de palestra, mas que os convidados se relacionem com os estudantes de forma próxima.
Cine debate	Os alunos podem debater os conceitos, teorias e ideias por meio da história de um filme ou documentário. Em geral, os professores preparam um cenário confortável, trazendo pipocas, por exemplo, e criando um ambiente confortável e interativo.

RECOMENDAÇÕES

Esta estratégia amplia consideravelmente a capacidade de memorização do conteúdo e é excelente para textos que possuem muitos conceitos ou muitas ideias.

ESTRATÉGIA 37:

Quebra-cabeça

O quebra-cabeça é uma estratégia interessante para se trabalhar com textos mais complexos e conceituais. Pode-se dividir o conteúdo em partes menores, uma para cada membro da equipe.

O professor oferecerá a informação parcial ao estudante e solicitará que ele seja responsável pela explicação de sua parte do conteúdo. Os estudantes têm a função de dominar a informação ou resolver o problema com a informação que eles receberam e, para isso, deverão trabalhar juntos com os outros colegas que têm a mesma informação, imitando a ideia de um quebra-cabeça.

Esta atividade tem como objetivos: cumprir tarefas específicas para dominar os conceitos de sua parte do conhecimento e ensinar o que apreenderam com os outros colegas no grupo original.

COMPETÊNCIAS

- Leitura compreensiva.
- Capacidade de resolver problemas de forma individual e em grupo.

SEQUÊNCIA DIDÁTICA

1. O professor deve selecionar um texto e dividir todo o conteúdo conforme a quantidade de grupos em uma sala. Por exemplo, o texto é dividido em quatro partes e a sala, em quatro grupos.
2. Os estudantes devem ser agrupados em equipes com quatro alunos, e cada membro recebe uma letra conforme o modelo apresentado na Figura 33.
3. Cada grupo deve receber uma parte do texto. Assim, o Grupo 1 recebe a primeira parte, o Grupo 2, a segunda, o Grupo 3, a terceira, e o Grupo 4, a

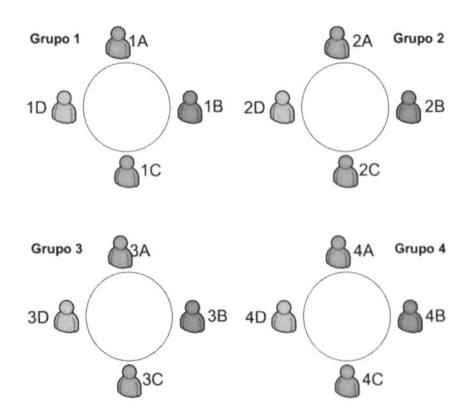

Figura 33 Distribuição das peças do quebra-cabeça.

quarta. Se o texto for dividido em cinco partes, serão formados cinco grupos, e assim sucessivamente.

4. O professor deve disponibilizar um tempo para que os acadêmicos leiam sua "peça", que corresponde a sua parte do texto, discutam e cheguem a uma compreensão final. Todos os membros do grupo recebem a missão de se apropriarem de sua "peça".

5. Após a apropriação de sua peça pelo tempo disponibilizado pelo professor, este propõe a formação de um novo grupo. Agora com um membro de cada grupo da primeira formação, conforme Figura 34.

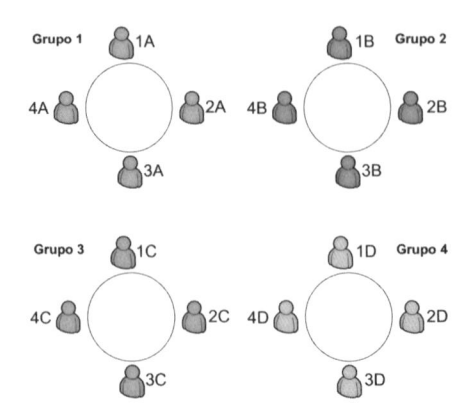

Figura 34 Montagem do quebra-cabeça.

6. Neste segundo grupo, cada acadêmico que veio de um grupo anterior terá a nova missão de repassar aos membros do novo grupo todo o conteúdo que lhe foi responsabilizado no primeiro grupo, e essa tarefa só poderá ser realizada quando cada um tiver compartilhado sua parte da informação.
7. Ao repassarem ao novo grupo o conteúdo de sua "peça", todos saberão todo o texto e, assim, o quebra-cabeça é finalizado.
8. Ao término da atividade, cada membro saberá todo o conteúdo do texto e, nesse momento, o professor deverá iniciar sua intervenção, levantando os pontos principais do texto, verificando se cada grupo conseguiu de fato se apropriar do conhecimento.

O ponto forte desta atividade é que ela propicia a interdependência positiva, pois os estudantes tornam-se responsáveis pela aprendizagem dos seus colegas e cria um ambiente favorecedor de trocas de informações permeado pelo conteúdo determinado pelo professor.

ESTRATÉGIA 38:

Recordatório

O recordatório pode ser utilizado como uma atividade introdutória, uma vez que propicia que os alunos pensem e reflitam e registrem seu nível atual de conhecimento, bem como as lacunas que possuem. Ajuda, também, a estruturar o progresso obtido nas aprendizagens e analisar as novas informações aprendidas após o estudo/pesquisa.

Esta atividade tem como base o conhecimento prévio dos alunos e o trabalho em equipe.

COMPETÊNCIAS

- Trabalho em equipe.
- Gerenciamento de informação.
- Autodiagnóstico e autoconhecimento.

SEQUÊNCIA DIDÁTICA

1. Esta atividade pode ser realizada individualmente ou em grupos.
2. No quadro CQA (Quadro 3), os alunos escrevem o que eles pensam ou conhecem sobre determinado assunto ou tema (coluna C para "conhecimento"). Os alunos podem utilizar *post-its* para preencher o quadro. Nesse caso, recomenda-se que o quadro seja feito em uma folha de *flip-chart*, ou de tamanho A1 ou A3. O professor deve dar um tempo para os alunos fazerem esta etapa. Recomendam-se 10 minutos.

Quadro 3 Exemplo de quadro CQA

Tema/Tópico:		
C	Q	A

3. Posteriormente, os alunos são estimulados a pensarem sobre as lacunas de conhecimento. Assim, são incentivados a preencherem a coluna "Quero conhecer" (Q). O professor deve dar um tempo para os alunos cumprirem esta etapa. Recomendam-se 10 minutos.
4. Em seguida, os alunos preenchem a coluna A (Aprendi). Aqui eles devem comparar os dados com a coluna C. Caso tenham mais alguma lacuna, devem preenchê-la na coluna Q. O professor deve dar um tempo para os alunos elaborarem esta etapa. Recomendam-se 10 minutos.

ESTRATÉGIA 39:

Relógio didático

O relógio didático que possibilita a apropriação do conhecimento por meio da construção coletiva. Pode ser realizada em 1 hora.

Além disso, é uma estratégia pedagógica que pode ser trabalhada com diversas áreas do conhecimento, porém, percebe-se que funciona melhor com atividades que envolvem os conteúdos dispostos em textos ou a resolução de cálculos.

O professor disponibilizará 12 questões conceituais ou outro tipo de exercício, conforme o conteúdo trabalhado, que serão respondidas no tempo disponibilizado pelo professor (em média, 10 minutos para cada questão).

A cada 10 minutos, o professor entrega a nova questão e disponibiliza mais 10 minutos. Todos os grupos responderão as 12 questões e as deixarão registradas no cartão de respostas.

Ao término do relógio, o professor "corrigirá" as respostas, relacionando-as com as produções dos alunos.

É importante destacar que o professor pode propor questões que exigem mais ou menos tempo, por exemplo, quatro questões para quatro grupos com o tempo de 25 minutos, duas questões para 30 minutos, e assim por diante.

COMPETÊNCIAS

- Trabalho em equipe de modo colaborativo.
- Resolução de problemas.
- Capacidade analítica.

SEQUÊNCIA DIDÁTICA

1. Após trabalhar com algum texto ou unidade de aprendizagem, o professor deve elaborar um determinado número de questões para o mesmo número de grupos, por exemplo, 12 questões para 12 grupos.
2. O professor deverá montar dois tipos de fichas: a) cartão de questão (um para cada questão – Figura 35) e b) cartão de respostas (cartão único com número de espaços correspondentes ao número de questões – Figura 36).
3. Cada grupo deve ter em mãos um cartão de respostas. O professor deverá determinar um tempo apropriado para os alunos responderem as questões.

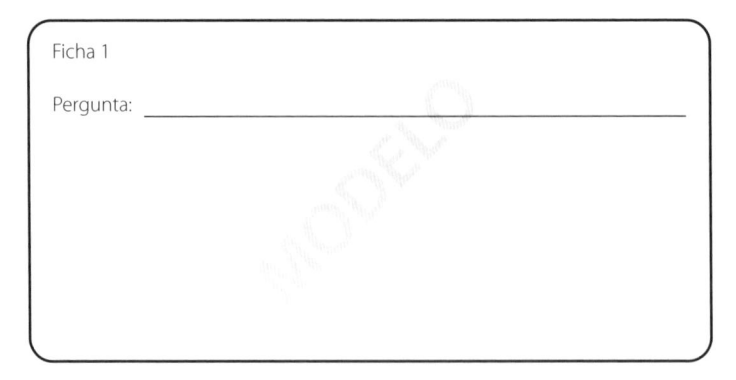

Figura 35 Cartão de questão.

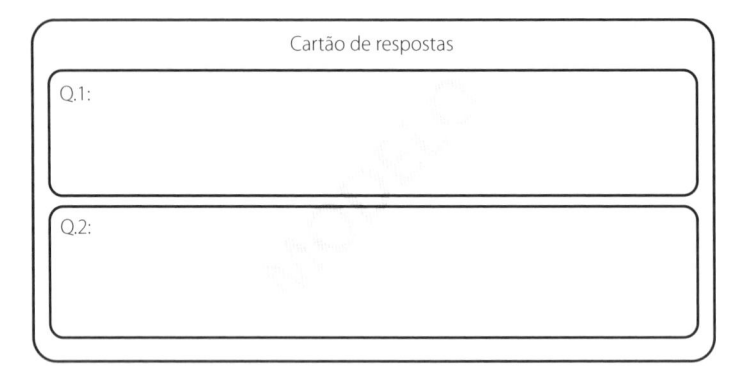

Figura 36 Cartão de respostas.

Assim que o tempo acabar, apenas o cartão de perguntas deve girar em sentido horário, para que o grupo possa responder a próxima questão, ou seja, a cada período, a questão é trocada.

4. Quando todos os grupos responderem todas as questões, o professor finaliza a atividade corrigindo coletivamente todas as respostas.

5. A correção do professor é fundamental, pois, nesse momento, ele deverá relacionar as respostas com o campo profissional.

ESTRATÉGIA 40:
Storytelling (narração de histórias)

Contar de histórias é algo que sempre fez parte da vida das pessoas. As pessoas contam histórias no ambiente escolar, com os amigos, familiares e em diferentes fases da vida humana (quando criança, jovem, adulto ou mais velho). É um espaço em que falam, naturalmente, de modo espontâneo e aberto acerca dos acontecimentos da vida.

Assim, esta estratégia consiste em criar personagens e enquadrá-los em uma determinada situação, desafio ou problema que se busca resolver. Nesta atividade, procura-se tornar um conceito abstrato mais pessoal e humano, ampliando a capacidade de estabelecer empatia com os ouvintes da história, buscando sua compreensão e visão acerca do problema, evento ou situação, para buscar as causas e a resolução. Trata-se, portanto, de uma poderosa ferramenta para compartilhar conhecimento, a partir da narrativa de fatos reais.

Eventualmente, a história também pode ser contada a partir da solução de problemas que foi encontrada, procurando aprofundar e obter *feedback*.

A contação de histórias permite que se consiga a atenção das pessoas por um pouco mais de tempo, ao proporcionar um ambiente criativo e colaborativo.

COMPETÊNCIAS

- Argumentação oral e escrita.
- Criatividade.
- Cooperação e colaboração.
- Empatia.

SEQUÊNCIA DIDÁTICA

1. O professor deve formar grupos de no mínimo três e no máximo cinco alunos.
2. Para cada grupo, o professor deve fornecer um problema, situação ou evento e solicitar para que os alunos criem uma história a ser contada por meio dele.
3. A história pode ser criada com base em pesquisa exploratória realizada pelos alunos, capazes de exemplificar uma situação real, ou seja, pode surgir

da observação de comportamentos e da captura de histórias e citações reais que julguem memoráveis.

4. Ao contar a história, o aluno não deve apenas relatar uma situação ou fato, mas deve procurar revelar *insights* e experiências que representem a situação, o problema ou a solução que encontraram, de modo real. O professor deve buscar instigar a curiosidade de quem vai ouvi-la.

5. O *storytelling* deve ter, no mínimo, cinco elementos: 1) personagem; 2) o personagem deve ter desejos, necessidades, problemas, conflitos ou obstáculos; 3) o personagem deve superar obstáculos; 4) o personagem deve fazer escolhas; 5) o personagem deve passar por um processo de transformação (para melhor).

6. Ao criar personagens, os alunos devem dar-lhes vida com fotos, desenhos e descrições, dando mais subsídios à história que pretendem contar.

7. Após criar a história, o grupo de alunos deve vendê-la para outro grupo. Nesse momento, o professor pode limitar o tempo de venda, por exemplo: vender a história em 1 minuto, ou subir um elevador contando uma história.

8. Enquanto o líder do grupo vende a história, os demais grupos escutam e fazem anotações para darem *feedback*. Todos os grupos devem vender sua história, a fim de buscar a solução ou de aprofundar na solução apresentada pelo grupo.

9. O professor deve encerrar a atividade promovendo uma discussão/debate.

ESTRATÉGIA 41:
Team-based learning

O *team-based learning* (TBL) é uma estratégia de abordagem ativa desenvolvida pelo professor de Administração Larry Michaelsen, na década de 1970, na Oklahoma University (Estados Unidos). Com a difusão e a popularização, tornou-se muito usada em turmas com grande número de alunos, favorecendo o protagonismo estudantil.

O TBL baseia-se no construtivismo, pressupondo que o aluno poderá construir a aprendizagem por si mesmo, de forma atuante, contemplando este saber a partir de sua vivência, interagindo com outras pessoas, professores, palestrantes e colegas.

O método envolve o gerenciamento de equipes, a realização de tarefas de preparação e aplicação conceitual, o *feedback* e a avaliação entre os pares (colegas). Espera-se, com essa estratégia, alto grau de comprometimento individual em prol do grupo, por meio da aquisição de confiança entre os membros da equipe (MICHAELSEN; KNIGHT; FINK, 2002).

COMPETÊNCIAS

- Capacidade de tomada de decisões mais racionais para a solução de problemas.
- Desenvolvimento das habilidades interpessoais.
- Argumentação.
- Trabalho em equipe.
- Autonomia.
- Senso crítico.
- Autodidatismo (estudo prévio).

SEQUÊNCIA DIDÁTICA

O TBL é realizado em três etapas: preparação, garantia de preparo e aplicação de conceitos (BOLLELA et al., 2014), conforme apresenta a Figura 37.

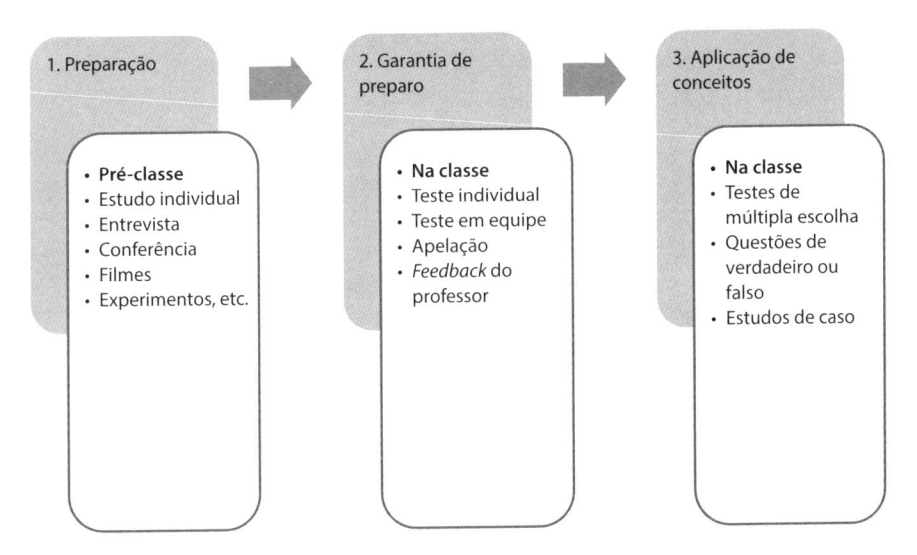

Figura 37 Etapas do TBL.
Fonte: adaptada de Bollela et al. (2014, p. 294).

Assim, didaticamente, sugere-se a sequência didática:

1. Antes da aula, o professor deve avisar aos participantes a necessidade de leitura prévia (estudo prévio antes da aula – pré-classe), a aplicação do TBL contempla atividades relacionadas com o estudado.
2. Em sala de aula, o professor deve formar times de cinco a sete pessoas. Na formação dos times, deve priorizar a diversidade, evitando pessoas com vínculos.
3. Após a composição dos times, poderá ser entregue um pequeno texto (individual) do conteúdo programado (opcional).
4. No segundo momento, após a leitura (caso o professor tenha distribuído o texto anteriormente), cada participante deverá receber um "formulário teste de garantia de preparo".
5. Cada participante deve responder o teste avaliação garantia de preparo individualmente e anotar no formulário (Fig. 38).
6. Em seguida, os alunos devem reunir-se com os participantes elegidos pelo professor (time) e discutir os conceitos ou questões.
7. Após o time discutir e chegar ao consenso das respostas de cada questão, ou seja, depois de tomar uma decisão conjunta sobre a melhor resposta para àquela questão, devem voltar-se novamente ao formulário de avaliação de garantia de preparo e preencher a resposta do grupo.

Nome do aluno: _____ Equipe nº: _____							
Avaliação como garantia de preparo							
Nº Alternativa	A	B	C	D	E	Pontos individuais	Pontos da equipe
1.							
2.							
3.							
etc.							
				Total de pontos			
Etapa 2.1: Garantia do preparo individual. Etapa 2.2: Garantia do preparo em grupo.							

Figura 38 Proposta de folha de resposta para a avaliação como garantia de preparo.
Fonte: adaptada de Bollela et al. (2014, p. 294).

8. Após todos os times preencherem o gabarito, este deve ser apresentado com as respostas de todas as questões. Após a conferência, deverá ser realizada a contagem da pontuação, tanto individual quanto da equipe.

9. Caso alguma equipe queira intervir sobre alguma questão que julgam correta, podem fazer isso após a correção do gabarito, reanalisando-a, ou seja, nesse momento, podem, por exemplo, entrar com recurso, solicitando "anulação da questão", argumentando e posicionando-se na discussão coletiva a favor de seu ponto de vista.

PONTUAÇÕES

No TBL, os alunos podem ser avaliados por seu desempenho individual e em grupo. Uma estratégia usada refere-se à pactuação entre professor e aluno da ponderação da avaliação, considerando o resultado do teste individual, em grupo e entre os próprios colegas (PARMELEE et al., 2012).

A pontuação pode ser feita de várias formas. Por exemplo, cada questão pode valer 5 pontos, e o participante assinalar um total de 5 pontos em cada linha, ou o professor pode sugerir a distribuição dos pontos.

No primeiro caso, os participantes podem, por exemplo, colocar os 5 pontos em uma só alternativa, ou, se estiverem inseguros sobre a resposta correta, podem dividir os pontos em várias alternativas, assinalando-os em mais de uma alternativa, da forma que quiser (5;4+1;3+2; 2+2+1; 2+1+1+1; 1+1+1+1+1), desde que a soma deles totalize cinco.

No segundo caso, o professor pode, ainda, sugerir pesos ou faixas percentuais de ponderação mínima e máxima para cada avaliação (BOLLELA et al., 2014). Nesse caso, o professor, em vez de deixar os alunos decidirem pela distribuição dos pontos, aplica a estratégia.

RECOMENDAÇÕES

O TBL pode também ser usado como forma de avaliação formativa, com o uso de metodologias ativas de aprendizagem, constituindo importante instrumento de avaliação interativo e formativo. Contribui, nesse ponto, significativamente com o processo de ensino-aprendizagem do estudante, colocando-o como protagonista e responsável pela pontuação obtida, individualmente e em grupo, auxiliando o aluno em seu desenvolvimento acadêmico e profissional por meio da participação ativa.

Em síntese, a aprendizagem baseada em equipes constitui um método alternativo de ensino-aprendizagem, no qual é entregue uma prova, teste ou unidade de aprendizagem (Avaliação como Garantia de Preparo) referente ao conteúdo disponível *on-line* ou no ambiente virtual de aprendizagem (BOLLELA et al., 2014). Cada participante deve responder, primeiramente, o Formulário Teste de Garantia de Preparo individual e anotar suas respostas em um gabarito individual. Em seguida, devem discutir os conceitos com o time (formado pelo professor). Posteriormente, preenchem o gabarito com o resultado da discussão em grupo (BOLLELA et al., 2014; KHOGALI, 2013). Ao final, o professor passa o gabarito, e o aluno mensura sua nota individual e grupal. O professor pode usar diferentes pesos para compor a nota final, contemplando a nota individual e em grupo.

Desse modo, espera-se que, com a aplicação do TBL, o aluno obtenha resultados de aprendizagem maior do que aquele obtido individualmente (MICHAELSEN; SWEET, 2008), ou seja, proporcionando benefícios aos estudantes (progressão além da simples aprendizagem conceitual), aos professores (desenvolvimento de relação mais próxima com o aluno) e às IES (garante melhor qualidade no processo de ensino-aprendizagem).

ESTRATÉGIA 42:
Timeline

A estratégia *Timeline* é uma proposta de atividade que estimula a percepção da sucessão e da duração dos acontecimentos históricos, possibilitando um aprendizado lúdico e autônomo para os alunos de diferentes níveis e modalidades. Além disso, também pode ser utilizada em ambientes corporativos, empresariais e outros que exigem a ordenação de fatos ou acontecimentos.

Ao se falar de *Timeline* (linha do tempo), automaticamente, remete-se aos conteúdos específicos da disciplina história, mas o fato é que a necessidade de ordenação de fatos, acontecimentos e ideias, por exemplo, está presente em basicamente todas as áreas e, por isso, esta é uma estratégia muito versátil.

O uso da construção de uma linha de tempo como estratégia pedagógica pode ser adequado para qualquer disciplina, desde que seja necessário relacionar informações em uma estrutura cronológica.

Na educação, pode-se utilizar a *timeline* para a construção:

a. de linhas de tempo dos acontecimentos referentes à história de um bairro, município, estado ou país;
b. da linha de tempo relacionada com as invenções, descobertas, evolução das tecnologias, descobertas de elementos químicos, histórias dos cursos de graduação, tendências pedagógicas, etc.;
c. da própria linha do tempo, na qual o próprio aluno poderá reconhecer-se como sujeito histórico dentro de um contexto.

Para otimizar a realização desta atividade, pode-se utilizar ferramentas digitais para a *Timeline* que podem ou não estar *on-line* e que gerem um arquivo que pode ser incorporado em uma página *web*, de modo que os alunos possam publicar suas produções em seus *blogs* ou *homepages* e outros.

COMPETÊNCIAS

- Argumentação oral e escrita.
- Capacidade de síntese.
- Criatividade.
- Cooperação e colaboração.
- Leitura e interpretação da realidade com a ajuda dos acontecimentos passados conhecendo a origem das situações sociais, políticas e culturais.

SEQUÊNCIA DIDÁTICA

1. O professor deverá selecionar um texto (trecho ou capítulo de livro ou de artigo), unidade de aprendizagem ou qualquer texto que demonstre o conteúdo por meio da cronologia.
2. Após a leitura individual, ou mesmo uma contextualização realizada pelo professor, o aluno iniciará a construção de sua linha do tempo.
3. Os elementos destacados sempre serão data ou período, fato e, se possível, alguma ilustração do momento (Fig. 39).
4. A linha deve ser montada de forma sequencial e apresentada aos demais alunos.
5. Excetuando-se no caso da *Timeline* do próprio aluno, a atividade pode ser feita em grupo de três a cinco integrantes.

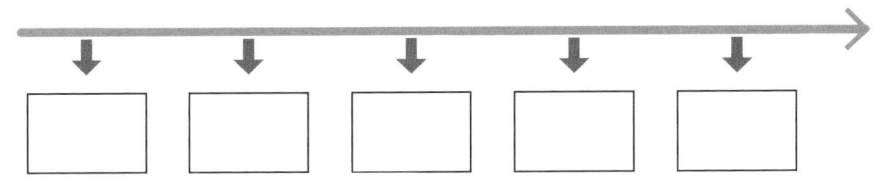

Figura 39 Esquema da *timeline*.

ESTRATÉGIA 43:

Zonas de relevância

A utilização das zonas de relevância permite aos alunos considerarem pontos mais importantes e pontos menos importantes em relação a um assunto, problema ou questão.

Após os alunos listarem os pontos, pede-se para que priorizem ideias e informações sobre a questão ou problema e justifiquem suas escolhas.

Esta atividade, que pode ser realizada com *post-its*, pode ser útil para a revisão de conteúdo, uma vez que incentiva os alunos a pensarem sobre as respostas mais eficazes e relevantes para cada pergunta. Pode ser útil também para classificar ou categorizar problemas (muito relevantes, relevantes e sem relevância).

COMPETÊNCIAS

- Trabalho em equipe.
- Desenvolvimento de ideias, reflexão e tomada de decisão.

CONSIDERAÇÕES ACERCA DO LEIAUTE DA SALA DE AULA

Os alunos podem utilizar um espaço do quadro branco ou de vidro, um espaço na parede, ou uma folha de tamanho A3 ou A1. Alternativamente, podem, também, fazer o quadro em uma folha A4.

SEQUÊNCIA DIDÁTICA

1. O professor deve formar grupos de no mínimo três e no máximo cinco alunos.
2. Para cada grupo, o professor deve dar um conjunto de cartas com palavras, frases ou imagens que se relacionam com a questão a ser trabalhada. Como alternativa, pode dar um problema e solicitar aos alunos que se aprofundem nele, em cada zona.
3. Cada grupo recebe um modelo das zonas de relevância e devem colocar a questão/problema no centro.

4. Por meio dos cartões, frases ou imagens recebidas, os alunos devem decidir o grau de relevância de cada um para responder ao problema ou questão. Quanto mais relevante, mais próximo da zona central deve ser posicionada a ideia ou resposta (Fig. 40).
5. Em seguida, os alunos devem dar *feedback* uns aos outros. Enquanto um grupo justifica para os demais, os outros podem anotar e sugerir novas ideias.
6. Como estratégia complementar, os dados obtidos nas zonas de relevância podem ser aprofundados com a estratégia ATF/I ou a do diagrama dos cinco porquês.
7. O professor encerra a atividade promovendo uma discussão/debate.

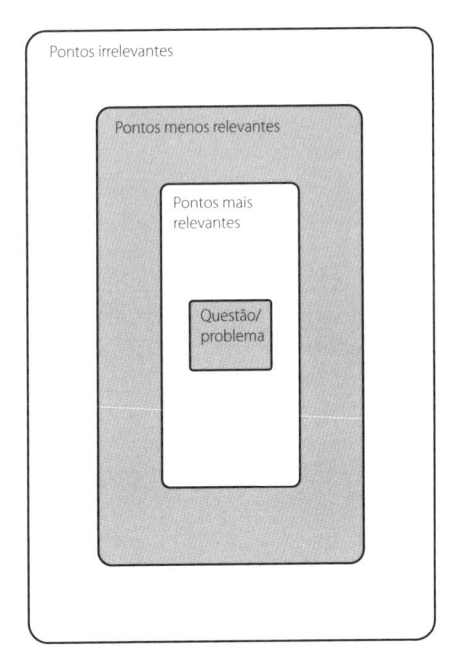

Figura 40 Modelo de zonas de relevância.
Fonte: adaptada e traduzida de CCEA (2007, documento *on-line*).

Referências

ANTUNES, C. *Professores e professauros*: reflexões sobre aulas e práticas pedagógicas. 9. ed. Petrópolis: Vozes, 2014.

AQUILANTE, A. G. et al. Situações-problema simuladas: uma análise do processo de construção. *Revista Brasileira de Educação Médica*, v. 35, n. 2, p. 147-156, 2011.

ASSOCIAÇÃO BRASILEIRA DE NORMAS TÉCNICAS. *NBR 6022*: informação e documentação – artigo em publicação periódica científica impressa – apresentação. Rio de Janeiro: ABNT, 2003.

AUSUBEL, D. P. *A aprendizagem significativa*: a teoria de David Ausubel. São Paulo: Moraes, 1982.

BACICH, L.; TANZI NETO, A.; TREVISANI, F. de M. (Org.). *Ensino híbrido*: personalização e tecnologia na educação. Porto Alegre: Penso, 2015.

BECKER, H. S. *Métodos de pesquisa em ciências sociais*. 4. ed. São Paulo: Hucitec, 1999.

BLIGHT, D. A. *What's the use of lectures?* San Francisco: Jossey-Bass, 2000.

BOLLELA, V. R. et al. Aprendizagem baseada em equipes: da teoria à prática. *Medicina (Ribeirão Preto)*, v. 47, n. 3, p. 293-300, 2014.

BOSCHI, M. T. *Design thinking como abordagem para gerar inovação*: uma reflexão. 2012. 101 f. Dissertação (Mestrado em Design) – Universidade Anhembi Morumbi, São Paulo, 2012. Disponível em: <http://sitios.anhembi.br/tedesimplificado/bitstream/TEDE/1607/1/Marco%20Tulio%20Boschi.pdf>. Acesso em: 25 set. 2017.

BUCK INSTITUTE FOR EDUCATION. *Aprendizagem baseada em projetos*: guia para professores de ensino fundamental e médio. 2. ed. Porto Alegre: Artmed, 2008.

CARBONELL, J. *A aventura de inovar*: a mudança na escola. São Paulo: Artes Médicas, 2002.

CCEA. *Active Learning and Teaching Methods for Key Stage 3*. Belfast: PMB Publication, 2007. Disponível em: <http://www.nicurriculum.org.uk/docs/key_stage_3/ALTM-KS3.pdf>. Acesso em: 25 out. 2015.

CHRISTENSEN, C.; HORN, M.; JOHNSON, C. *Inovação na sala de aula*: como a inovação disruptiva muda a forma de aprender. Porto Alegre: Bookman: 2012.

CORAL, E.; OGLIARI, A.; ABREU, A. F. de. (Org.). *Gestão integrada da inovação*: estratégia, organização e desenvolvimento de produtos. São Paulo: Atlas, 2009.

CUNHA, M. I. Aula universitária: inovação e pesquisa. In: LEITE, D. B. C.; MOROSINI, M. (Org.). *Universidade futurante*: produção do ensino e inovação. Campinas: Papirus, 1997. p. 79-93.

DALE, E. *Edition of audio-visual methods in teaching*. 3rd ed. New York: Dryden , 1969.

DECROLY, O. *Problemas de psicologia y de pedagogia*. Madrid: Francisco Beltran, 1929.

DELIZOICOV, D. La educación en ciencias y laperspectiva de Paulo Freire. *Alexandria Revista de Educação em Ciência e Tecnologia*, v. 1, n. 2, p. 37-62, 2008.

DESIGN COUNCIL. *Design methods for developing services*. Swindon: Inovate UK, 2007. Disponível em: <https://connect.innovateuk.org/documents/3338201/3753639/Design+methods+-for+developing+services.pdf/3db0636e-6acc-4de4-9db6-3f25d1194bca >Acesso em: 30 set. 2017.

DEWEY, J. *Experiência e educação.* 2. ed. São Paulo: Nacional, 1976. v. 131.

HAKE, R. R. Interactive-engagement vs traditional methods: a six-thousand-student survey of mechanics test data for introductory physics courses. *American Journal of Physics,* v. 66, n. 64, p. 1-26, 1998.

HASO PLATTNER. *Stanford design thinking virtual crash course.* Stanford: University of Stanford; 2012. Disponível em: <https://www.youtube.com/watch?v=-FzFk3E5nxM>. Acesso em: 01 out. 2017. 1 gravação de vídeo (1:20min).

HELMING, S.; GÖBEL, M. *Zopp:* planejamento de projetos orientado por objetivos: um guia de orientação para o planejamento de projetos novos e em andamento. Eschborn: GTZ, 1998.

HERNÁNDEZ, F.; VENTURA, M. *A organização do currículo por projetos de trabalho:* o conhecimento é um caleidoscópio. Porto Alegre: Artmed, 1998.

HORN, M. B.; STAKER, H. *Blended:* usando a inovação disruptiva para aprimorar a educação. Porto Alegre: Penso, 2015.

KHOGALI, S. E. Team-based learning: a practical guide: guide supplement 65.1--viewpoint 1. *Medical Teacher,* v. 35, n. 2, p. 163-165, 2013.

KILPATRICK, W. H. *Educação para uma civilização em mudança.* 13. ed. São Paulo: Melhoramentos, 1975.

LASRY, N.; MAZUR, E.; WATKINS, J. Peer instruction: from Harvard to the two-year college. *American Journal of Physics,* v. 76, n. 11, p. 1066-1069, 2008.

MARZANO, R. J.; PICKERING, D. J.; POLLOCK, J. E. *Ensino que funciona:* estratégias baseadas em evidências para melhorar o desempenho dos alunos. Porto Alegre: Artmed, 2008.

MAZUR, E. *Peer instruction:* a revolução da aprendizagem ativa. Porto Alegre: Penso, 2015.

MICHAELSEN, L.; KNIGHT, A. FINK, L. *Team-based learning:* a transformative use of small groups. Nova York: Stylus, 2002.

MICHAELSEN, L; SWEET, M. Fundamental principles and practices of team-based learning. In: MICHAELSEN, L. K. et al. *Team-based learning for health professions education:* a guide to using small groups for improving learning. Sterling: Stylus, 2008. p. 10-31.

MITRE, S. M. et al. Metodologias ativas de ensino-aprendizagem na formação profissional em saúde: debates atuais. *Ciência & Saúde Coletiva,* v. 13, n. 2, p. 2133-2144, 2008.

NOVA CONCURSOS. Mapas mentais. [S.l.]: Nova Concursos, 2013. Disponível em: <http://www.novaconcursos.com.br/portal/wp-content/uploads/2013/10/mapa-mental21.png>. Acesso em: 01 out. 2017.

ORGANIZAÇÃO DAS NAÇÕES UNIDAS PARA A EDUCAÇÃO, A CIÊNCIA E A CULTURA. *Declaração mundial sobre Educação Superior no século XXI:* visão e ação. Piracicaba: UNIMEP, 1998.

ORGANIZAÇÃO PARA A COOPERAÇÃO E DESENVOLVIMENTO ECONÔMICO. *Manual de Oslo:* diretrizes para coleta e interpretação de dados sobre inovação. 3. ed. Paris: OECD, 2013.

ORGANIZAÇÃO PARA A COOPERAÇÃO E DESENVOLVIMENTO ECONÔMICO. *Programme for International Student Assessment:* Brazil. Paris: OECD, 2015. Disponível em: <http://www.compareyourcountry.org/pisa/country/bra?lg=en>. Acesso em: 30 set. 2017.

PÁDUA, G. D. "Esses professores precisam de reciclagem:" a avaliação dos estudantes da UFU sobre as práticas didáticopedagógicas dos docentes. *Diversa Prática,* v. 1, n. 1, p. 135-152, 2012.

PARMELEE, D. X. et al. Team-based learning: a practical guide: AMEE guide nº 65. *Medical Teacher,* v. 34, n. 5, p. 275-287, 2012.

PIMENTA, S. G.; ANASTASIOU, L. G. C. *Docência no ensino superior.* São Paulo: Cortez, 2002. v. 1.

REGO, A. Eficácia comunicacional na docência universitária: a perspectiva de estudantes e professores. *Psicologia: Teoria e Pesquisa,* v. 17, n. 3, p. 275-284, 2001.

SLACK, N.; CHAMBERS, S.; JOHNSTON, R. *Administração da produção*. 3. ed. São Paulo: Atlas, 2009.

TEIXEIRA, A. Ciência e arte de educar. *Educação e Ciências Sociais,* v. 2, n. 5, p. 5-22, 1957.

TERRA, J. C. C. (Org.). *Inovação:* quebrando paradigmas para vencer. São Paulo: Saraiva, 2007.

VICKERY, A. *Aprendizagem ativa nos anos iniciais do ensino fundamental.* Porto Alegre: Penso, 2016.

YIN, R. K. *Estudo de caso:* planejamento e métodos. 3. ed. Porto Alegre: Bookman, 2005.

ZABALA, A. *A prática educativa:* como ensinar. Porto Alegre: Artmed, 1998.

LEITURAS RECOMENDADAS

BUEHL, D. *Classroom strategies for interactive learning.* 4th ed. Newark: International Reading Association, 2014.

CASTELLS, M. *A sociedade em rede.* São Paulo: Paz e Terra, 1999.

COUNCIL FOR THE CURRICULUM, EXAMINATIONS AND ASSESSMENT. *Active learning and teaching methods for key stage 3.* Ireland: CCEA, 2007. Disponível em: <http://www.nicurriculum.org.uk/docs/key_stage_3/ALTM-KS3.pdf>. Acesso em: 25 set. 2017.

IDEO. *Human Centered Design:* kit de ferramentas. 2. ed. Jundiaí: Enactus; 2013.

INSTITUTO EDUCADIGITAL. *Kit Design Thinking para educadores.* [S.l.]: ED, 2013. Disponível em: < http://www.educadigital.org.br/site/design-thinking-para-educadores/>. Acesso em: 30 set. 2017.

LIEDTKA, J. *A magia do design thinking*: um kit de ferramentas para o crescimento rápido de sua empresa. São Paulo: HSM, 2015.

LUCINDA, M. A. *Qualidade:* fundamentos e práticas para cursos de graduação. Rio de Janeiro: Brasport, 2010.

MCSILL, J. *Cinco lições de Storytelling:* fatos, ficção e fantasia. São Paulo: DVS, 2013.

REVISTA BANAS QUALIDADE. São Paulo: Edila Editorial Latina, v. 22, n. 260, 2014.

SELEME, R.; STADLER, H. *Controle da qualidade:* as ferramentas essenciais. Curitiba: Ibpex, 2008.